KURT W. MORTENSEN

LAS
LEYES DEL
CARISMA

**Cómo cautivar, inspirar
e influenciar a otros para
alcanzar el mayor éxito posible**

TALLER DEL ÉXITO

LAS LEYES DEL CARISMA

Publicado por:

Taller del Exito, Inc
1669 N.W. 144 Terrace, Suite 210
Sunrise, Florida 33323
Estados Unidos

Editorial dedicada a la difusión de libros y audiolibros de desarrollo personal, crecimiento personal, liderazgo y motivación.

Diagramación y diseño de carátula: Diego Cruz

ISBN 10: 1-607380-57-9
ISBN 13: 978-1-60738-057-3

Printed in the United States of America
Hecho en Estados Unidos

12 13 14 15 16   R|UH   10 09 08 07 06

RECONOCIMIENTOS

Deseo expresar mi entero agradecimiento a todas las personas que hicieron una realidad *Las leyes del carisma.*

También quiero manifestar mi amor y aprecio a mi amada esposa Denita y a mis hijos Brooke, Mitchell, Bailey y Madison, por su amor y apoyo durante este proyecto.

Además, un agradecimiento muy especial a todos mis clientes, quienes me apoyaron para llevar a cabo esta investigación.

Y deseo mencionar mi aprecio a mis padres, colegas, amigos, profesores, ejemplos y compañeros que me ayudaron a lo largo del camino.

CONTENIDO

INTRODUCCIÓN

FÁBULA: LA ABEJA FURIOSA

Después de un largo y fuerte invierno —empieza la hermosa y cálida primavera. Usted aspira el aire fresco y siente la calidez del sol en su rostro y en todo su cuerpo. Ya basta del invierno. Es hora de dejar que el aire fresco impregne su hogar. Abre todas las puertas y ventanas, y siente que el aire fresco entra y revitaliza toda la casa. Pero la frescura del aire no es lo único que penetra; también se escucha el sonido de un insecto y pronto observa que hay una abeja volando alrededor de la casa. La abeja se ve tan indefensa que usted decide ayudarle mostrándole el camino a la libertad. Ha estado estrellándose y rebotando en el panel del vidrio de su sala. Usted le abre la puerta del frente e intenta dirigirla con sus manos de forma segura. Cuanto más lo intenta, más parece irritarse la abeja. Usted se siente desconcertado a causa de la furia del insecto y piensa: "Sólo estoy pretendiendo salvarle la vida a esta abeja". Al final trata de dirigirla desde la ventana hacia la puerta abierta utilizando todo su cuerpo. Pero la abeja se pone furiosa y le pica en su brazo.

MORALEJA

En la vida, cuando intentamos ayudar a otros, conducirlos, influenciarlos, o ayudarles a hacer cosas que les beneficiarán, somos atacados, criticados y hasta "aguijoneados". ¿Qué es lo que sucede? ¿Dónde está el problema, y por qué otras personas se niegan a recibir su ayuda? ¿Por qué rechazan su liderazgo o rehúsan someterse a su influencia? Usted tiene la mejor intención, y sabe que su rechazo les hace más daño a ellos del que le hace a usted. Entonces decimos que es su problema, que estas personas deberían ser más inteligentes —pero la realidad es que todo ello es nuestra responsabilidad.

¿Cómo lograr que los demás hagan lo que deseamos y que además les entusiasme la idea? Averigüémoslo y propongámonos a dominar el poder del carisma, el liderazgo y la influencia.

EL PODER DEL CARISMA: LA MAYOR CLAVE DEL ÉXITO

¿Ha notado que hay gente capaz de cautivar, inspirar e influenciar a otros sin mayor esfuerzo? Este tipo de gente, de inmediato es bien recibida por los demás y todos quieren estar a su alrededor. Los sujetos con carisma entran a cualquier lugar y de inmediato todos los notan. Siempre parecen conseguir lo que quieren porque quienes les rodean quiere ayudarles. ¿Cómo logran ellos esa atención e influencia instantánea en los demás?

De eso se trata el poder del carisma. Si desea influir en las demás personas, el carisma es la habilidad a practicar para alcanzar ese objetivo. En este libro usted aprenderá a dominar el poder del carisma.

He dedicado toda mi vida a estudiar acerca de la persuasión, la motivación y sobre cómo influenciar en los demás. Con frecuencia la gente me pregunta cuál es la herramienta más importante de toda la gama disponible para saber influir en otros. ¿Cuál es aquella clave que al utilizarla nos permite alcanzar el máximo nivel de éxito? La respuesta es simple: si de todas las herramientas de la persuasión hubiese una habilidad especial por dominar, estaríamos hablando del carisma. Es el instrumento que más rápidamente genera ventajas y que nos permite incrementar dramáticamente los dividendos y el éxito.

Esta habilidad vital permea todos los aspectos de la vida: su carrera, sus relaciones, su habilidad de influir y sus ingresos, todas están relacionadas con su habilidad de irradiar carisma. ¿Se ha preguntado alguna vez por qué dos personas con el mismo nivel educativo, los mismos contactos, el mismo coeficiente intelectual y la misma experiencia, obtienen resultados dramáticamente diferentes a lo largo de su vida? Una de las dos personas disfruta de una medida plena de éxito, mientras que la otra apenas logra sobrevivir. Algunos llaman a esto "suerte", pero le aseguro que cuando usted tiene carisma tiene garantizada la buena suerte. Imagine el éxito que va a alcanzar en la vida cuando llegue a lograr que otros hagan automáticamente lo que usted desea que hagan, y que además anhelen hacerlo, que les guste hacerlo, y que les digan a sus amigos que ellos también deberían hacer lo mismo.

El carisma consiste en la habilidad de empoderar y persuadir a otros para que crean y confíen en usted, queriendo estar bajo su influencia. Usted logra cautivarlos y motivarlos, les ayuda a verse a sí mismos en el futuro llevando a cabo su misión y ellos, a su vez se ven motivados y energizados mediante su pasión y entusiasmo. Se sienten atraídos y conducidos por su carisma, están contagiados e inspirados por su optimismo y por sus expectativas. En esencia, usted se convierte en una fuente de empoderamiento, estímulo e inspiración.

Dominar las varias habilidades del carisma hará que usted logre alcanzar una posición de influencia y éxito. La gente con frecuencia se pregunta por qué toma tanto tiempo alcanzar el éxito y por qué no logran dominar las habilidades básicas para convertirse en personas exitosas y alcanzar las metas propuestas. Desarrollar carisma le permite ser más eficaz y dinámico. Ahora piense en esto: si las demás personas no logran responder a sus intentos de influir en ellas, posiblemente sea culpa suya. Cierto, a todos nos gusta decir que es la culpa de los demás, pero la realidad es que cuando ellos no logran ser influenciados por nosotros, no logran empoderarse y ni siquiera desean ayudarnos —créanme— es nuestra culpa.

Nunca podré enfatizar lo suficiente el hecho de que la gente de gran influencia tiene carisma. Cierto estudio preguntó alguna vez a los participantes que clasificaran las 10 características principales (de una lista de 59) que identifican a quienes persuaden a otros.[1] La característica número uno fue el carisma. Todos nosotros hemos conocido personas carismáticas. Hay algo en su presencia que causa impacto; cautivan e inspiran. Llaman nuestra atención. Y solemos tener muy en cuenta cada palabra que dicen. Su presencia nos enorgullece, nos motiva, y nos inspira. Nos sentimos bien por el hecho de haber conocido a estas personas, por verlas y por ser influenciados por ellas.

El desafío radica en que la mayoría de nosotros pensamos que la gente carismática son estrellas de cine, presidentes corporativos, políticos y hasta líderes religiosos. Es posible que ellos demuestren tener algunas de las herramientas de carisma e influencia, pero yo quiero revelarle todas las formas disponibles con las que se logra influir y persuadir a otros. Algunos piensan que el carisma consiste en magia, otros lo llaman suerte, pero cuando usted domina todas estas habilidades, logra alcanzar una medida plena de éxito. De hecho, al final de este proceso, usted se preguntará por qué el éxito parecía antes estar tan lejano y ahora tan fácil y cercano.

El carisma hace que usted les agrade a otras personas, aún cuando no sepan mucho acerca suyo y no hayan tenido el tiempo suficiente para desarrollar confianza en usted. El carisma nos da poder y atrae la lealtad y la devoción de los demás; también invita a otros a darle apoyo. ¿Es el carisma algo con lo cual se nace o se aprende? ¿Es el carisma algo que surge de forma natural o hay que cultivarlo? La respuesta a ambas preguntas es afirmativa. Algunas cualidades son inherentes, otras se aprenden y aún otras se adquieren. El carisma es una condición que puede aprenderse y

---

1   R. G. Lord, R. J. Foti, and C. L. De Vader. "A Test of Leadership Categorization Theory: Internal Structure, Information Processing, and Leadership Perceptions," *Organizational Behavior and Human Performance*, Vol. 34 (1984), pp. 343–378.

dominarse, aunque ello exija esfuerzo de su parte. Es posible que usted se pregunte —cómo lo hago yo también— si esta habilidad es tan importante, si es tan invaluable, y si es tan decisiva para alcanzar el éxito, ¿por qué no la enseñan formalmente dentro del currículo educativo? Yo no tengo la respuesta a esa pregunta, pero lo que sí le puedo dar son las respuestas que necesita para dominar la habilidad esencial del carisma.

La gente de hoy en día se muestra menos confiada, más escéptica y hasta más cínica que nunca antes. La lealtad corporativa es un asunto del pasado. La confianza en las grandes corporaciones, en el gobierno, y en la sociedad se ha erosionado. Todo el mundo a nuestro alrededor se siente confundido, abrumado y es más difícil de influenciar que en el pasado. Ahora, más que nunca, el carisma es una habilidad de persuasión que resulta vital y crítica. El asunto es que muchas personas creen que tienen carisma, pero no lo tienen.

Aún si usted logra hacer que otros hagan algo, eso no quiere decir que usted es una persona influyente o carismática. Por ejemplo, si usted es gerente, la gente hace lo que usted les dice que hagan porque ellos consideran que es lo que tienen que hacer (aunque aparenten que deseen hacerlo), no obstante, los resultados sólo se evidencian a corto plazo. Sin embargo, si usted es carismático, la gente se muestra de su lado, quieren trabajar por usted, y convocar a otros para ayudarle. En pocas palabras usted ejerce influencia sobre ellos.

LA DEFINICIÓN DEL CARISMA

Cuando escuchamos la palabra "carisma", a veces no nos sentimos seguros de qué pensar exactamente. ¿Qué es precisamente el carisma? Puede ser un atributo misterioso. No es asertividad o entusiasmo, tampoco es personalidad, ni ser alguien sociable; aunque todas estas características hacen parte del paquete en algún sentido. Cuando conocemos o vemos a alguien carismático lo reconocemos de inmediato. Son personas fáciles de identificar y siempre sobresalen entre la multitud. A veces identificar qué es lo que hace a una persona carismática es un asunto difícil; no obstante, sabemos identificar cuando nos sentimos motivados por el poder del carisma. Cuando alguien posee la cualidad elusiva del carisma nos sentimos honrados y privilegiados de asociarnos con dicha persona. El carisma no es simplemente encanto, devoción, simpatía o pasión. Es un sentimiento de confianza que no abruma a los demás sino que los pone en un estado de relajación mientras se mantiene la credibilidad y la afinidad. La palabra "carisma" se remonta a la divinidad griega Charis. Esta divinidad representaba la gracia y la belleza total. ¿Cómo definen algunos el carisma?

"Un atributo personal y poco común que se atribuye a los líderes que avivan la devoción y el entusiasmo popular". (American Heritage Dictionary).

"El carisma es la habilidad de influir en otros de manera positiva mediante conectarse con ellos de forma física, emocional e intelectual". (Dr. Tony Alessandra)[2].

"El carisma es una energía que proviene del corazón. Si el orador no comunica sus sentimientos, no hay transferencia. El carisma ocurre cuando los sentimientos del orador se transmiten de la forma más pura hacia los demás. El carisma no es un sentimiento atenuado. No es algo que se finge. Es sentimiento puro. El carisma consiste en traspasar nuestra energía y pasión plenas hacia los demás". (Gerry Spence)[3].

Esta es mi propia definición del carisma: es la habilidad de construir la afinidad, es la habilidad de influir eficazmente en otras personas a través de nuestra forma de pensar, es inspirar a otros

---

2   Tony Alessandra, *Charisma: Seven Keys to Developing the Magnetism That Leads to Success* (Business Plus, 2000).

3   Gerry Spence, *How to Argue and Win Every Time* (Pan Books, 1997).

para alcanzar más, y en todo ese proceso se consiguen aliados para la vida. En otras palabras, el carisma es lograr que otros hagan lo que uno quiere que hagan, y que se sientan motivados a hacerlo. De hecho, estas personas logran motivar a otros a unírseles para colaborar con su causa.

¿Es el carisma bueno o malo? ¿Es la fuerza de gravedad buena o mala? Así como ocurre con la fuerza de gravedad, el carisma es neutral. Es más bien la forma como usted utilice el poder de aquello que define lo bueno o lo malo. Algunos dirían que Adolfo Hitler, Charles Manson y Benito Mussolini tenían carisma, y que posiblemente utilizaban algunas de las herramientas que hacen parte del carisma. En muchos casos, han habido quienes han tenido algunas de las herramientas del carisma utilizándolas de formas no éticas.

Con todo, usted seguramente puede contar a más personas en la Historia y en su vida, que han tenido carisma y que lo han utilizado de forma correcta y honorable. Entonces, ¿dónde está la diferencia?

Hagamos una lista de la diferencia entre los usos éticos y no éticos del poder del carisma:

Uso ético	*Uso no ético*
Sirve a los demás	Utiliza a los demás
Ayuda a la sociedad	Se ayuda sólo a sí mismo
Tiene altas normas morales	Relaja las normas morales
Empodera a las personas	Obliga a las personas
Promueve la comunicación	Cierra la comunicación
Sigue al corazón	Sigue al poder, al dinero, y a la codicia
Define una visión y un propósito	Se las arregla por el camino
Ayuda a la gente a crecer	Su crecimiento se evidencia en el banco o en su ego

Uso ético	*Uso no ético*
Trabaja por el bien de otros	Trabaja para su propio beneficio
Crea una relación gana-gana	Utiliza las relaciones con propósitos egoístas

Cuando hacía investigación para escribir este libro, tuve la oportunidad de conducir varias entrevistas. Les pedí a muchas personas que describieran al tipo de individuo del que los demás disfrutan su compañía y su influencia —aquellos cuya presencia les cautiva y les hace querer alcanzar su potencial. La palabra "carisma" se destacó el mayor número de veces. ¿Es "carisma" el mejor término para describir a quien tiene influencia instantánea sobre los demás? Yo no lo sé, pero no he encontrado una forma mejor para hacer esa descripción. Y si usted tiene una palabra mejor, por favor, hágamela saber.

CÓMO UTILIZAR ESTE LIBRO

Este libro explora el poder del carisma. La investigación hecha sobre el tema demuestra que se deben aprender a dominar ciertas habilidades, características y atributos. Yo he determinado que son 30 en total, y cada una de estas habilidades y atributos tiene su propio capítulo en este libro. Usted se hará más carismático e influyente a medida que aprenda a dominar plenamente cada una de las herramientas.

Le recomiendo que para comenzar lea este libro de principio a fin. Después de leer cada característica del carisma evalúese a sí mismo (sea honesto) y mantenga un registro del puntaje al final del libro. Luego, lea nuevamente los capítulos, trabajando desde su debilidad más evidente hacia su destreza más tangible. Lea un capítulo al día y aplique la técnica que se encuentra en la sección *La clave del carisma*, que encontrará al final de cada capítulo.

Este libro le ayudará a dominar el arte y la ciencia del carisma. Cada capítulo considera una de las 30 habilidades o características críticas que se requieren para desarrollar este arte, lo cual incluye:

- Citas: ¿Qué se ha dicho sobre esta habilidad o característica?
- La substancia: el núcleo de información que se necesita para dominar la habilidad o característica.
- El punto ciego: el error más común que solemos cometer.
- La aplicación: cómo aplicar y utilizar el principio.
- El ejemplo: un ejemplo histórico o aplicable al tema.
- La clave del carisma: lo que usted podrá hacer de inmediato para obtener beneficios.

EL SESGO DE LA AUTOPERCEPCIÓN: EL GRAN PUNTO CIEGO

¿Cuál es el mayor obstáculo del carisma? ¿Qué es aquello que le ha impedido alcanzar por largo tiempo el éxito real o convertirse en una persona influyente? Todos tenemos puntos ciegos que nos impiden trabajar en lo que nos puede catapultar hacia un mayor éxito. Yo llamo a la incapacidad de ver estos puntos ciegos el sesgo de la autopercepción. Todos tendemos a valorar nuestras habilidades y características por encima de lo que en realidad son. Sin embargo, para poder mejorar, crecer y llegar a tener mayor éxito, tenemos que conocer nuestras debilidades y estar en capacidad de identificar nuestros puntos ciegos. Si no los conocemos, nunca los mejoraremos. Tenemos que ser honestos con nosotros mismos respecto al nivel actual de nuestras habilidades. Mediante este libro yo le mostraré cómo hacer eso.

La razón por la cual el sesgo de la autopercepción tiene tal efecto negativo en nosotros es porque tendemos a engañarnos a nosotros mismos. La negación es un lugar seguro donde podemos ocultar nuestras debilidades y proteger la autoestima. Fijamos expectativas que no se basan en la realidad ni en la evaluación sincera. Es posible que, al menos durante algún tiempo, sea agradable contemplar el mundo a través de un par de anteojos color rosa, pero al final, nos estamos preparando para el fracaso. El sesgo de la autopercepción se manifiesta cuando estamos evaluando una habilidad o talento que creemos tener o que otros esperan que tengamos respecto a una destreza en particular. Y si a ello le añadimos la presión social o la validación social, es probable que desarrollemos expectativas mayores a lo imaginado con respecto a nosotros mismos. El sesgo de la autopercepción en últimas nos presenta una vista distorsionada de la realidad y un sentido falso de seguridad. Nos abstraemos de la realidad y dejamos de ver exactamente el lugar en el que nos encontramos y aquello en lo cual necesitamos mejorar.

Nos hacemos buenos al juzgar a otros y señalar lo que está mal en ellos, pero no parece que apliquemos el mismo tipo de análisis para con nosotros mismos. Lo mismo es cierto de nuestras habilidades. Sentimos que debemos disimular nuestras debilidades y de hacer parecer las cosas mejor de lo que realmente son. Pero debemos tener la habilidad de vernos a nosotros mismos con honestidad —reconociendo con equilibrio nuestras debilidades y fortalezas— para luego encontrar la disciplina necesaria para mejorar nuestros desaciertos.

Para aterrizar el punto, necesitamos descubrir nuestras propias falencias y ser honestos con nuestra propia realidad personal. Si queremos aumentar nuestro nivel de éxito, influencia y carisma, necesitamos saber exactamente qué habilidades dominar y cuáles mejorar. Si usted estuviera en el campo de las ventas y se le pidiera que calificara su habilidad de conectarse con las personas o su conocimiento sobre el producto, usted estaría inclinado el 90% a calificarse a sí mismo por encima del promedio en estos temas, aun cuando la validez de su aseveración esté matemáticamente alrededor del 50%.[4] Piense en esos gerentes deficientes que ha conocido a través de los años. El 90% se calificarían a sí mismos mejores que el gerente promedio. ¿Sabía usted que el 80% de los individuos se perciben a sí mismos como más brillantes, mejores conductores, y mejores empresarios que el promedio de sus compañeros?[5] De hecho, un estudio encontró que la mayoría de las personas se creen mejor que la persona promedio en las siguientes áreas: [6]

- Deportes
- Inteligencia
- Organización
- Ética
- Lógica
- Entretenimiento
- Imparcialidad[7]

LA SOLUCIÓN

La solución consiste en hacer una verdadera autoevaluación. Cuando enseño sobre influencia o dominio de sí mismo en seminarios, les pido a mis estudiantes que alisten las 10 razones más importantes por las cuales no han alcanzado el éxito. Estos encuentran toda clase de razones por las que, según ellos, no son responsables de su imposibilidad de cumplir sus metas, pero rara vez asumen la autoría de sus propias debilidades o admiten que la falta pudiera estar en ellos. Pregúntese a sí mismo:

---

4   Kurt W. Mortensen, *Persuasion IQ: The 10 Skills You Need to Get Exactly What You Want* (New York: AMACOM, 2008).

5   Isabelle Brocas and Juan D. Carrillo, *Are We All Better Drivers Than Average? Self-Perception and Biased Behaviour, CEPR Discussion Paper No. 3603* (October 2002).

6   T. Gilovich, *How We Know What Isn't So: The Fallibility of Human Reason in Everyday Life* (New York: Free Press, 1991); S. E. Taylor and J. D. Brown, *Illusion and Well-being: A Social Psychological Perspective on Mental Health, Psychological Bulletin,* 103 (1988), pp. 193–210.

7   D. G. Myers, *Social Psychology* (New York: McGraw Hill, 1987), pp. 444–445.

- ¿Cuáles son las habilidades y características que necesito dominar para aumentar mi carisma?
- ¿Qué es aquello que continúo intentando y sin embargo, no logro alcanzar?
- ¿Qué habilidades me hace falta desarrollar que harían que mis debilidades se convirtieran en fortalezas?
- ¿Qué habilidades necesito desarrollar para llevar mi vida, mi carrera y mis ingresos al siguiente nivel?

Todo lo que le estoy solicitando es que sea abierto a medida que lee sobre las varias categorías para dominar el carisma. Recuerde que todos tenemos fortalezas y debilidades diferentes. Cada capítulo explica los puntos ciegos comunes de cada característica y la solución que se puede implementar para superarlos fácilmente. Trate de evaluarse a sí mismo con honestidad o haga que alguien en quien usted confíe le dé retroalimentación. Las personas carismáticas tienen la capacidad de verse a sí mismas como son y enfrentar los hechos reales, y esto envuelve tanto a los aspectos positivos como a los negativos. Cuando uno está en posición de hacer esto, está en condiciones de lograr verdadero progreso. Si todo lo demás falla, visite www.lawofcharisma.com para hacer una valoración en línea (sólo si usted está en condiciones de enfrentar la cruda verdad).

RECURSOS ADICIONALES Y PROGRAMAS DE AUDIO[8] (LAWSOFCHARISMA.COM)

- Artículos de apoyo
- Sección de audio "La resistencia a la persuasión: Los 10 obstáculos comunes"
- Hoja de trabajo

8 Nota del editor: Estos recursos están en Inglés

SECCIÓN UNO

PRESENCIA:
¿QUÉ IRRADIA USTED?

FÁBULA: EL PAVO Y LOS PAVOS REALES

Cierto día, un pavo se alejó de su grupo de amigos y se fue a una pradera donde se sabía que vivían unos pavos reales. A medida que el pavo se acercaba y exploraba, en busca de los pavos reales, encontró una pila de hermosas plumas. El pavo decidió que quería tener el prestigio de los pavos reales. Entonces tomó las plumas caídas, las amarró a las plumas en su cola y desfiló por la pradera. Cuando vio a los pavos reales regresar, se pavoneó frente a ellos para ver si los lograba engañar. Pero cuando se acercó a los pavos reales estos descubrieron su engaño y empezaron a picotear su cabeza y a arrancar sus plumas falsas. Fue así como el pavo regresó a donde estaban los demás pavos, quienes habían estado observando desde la distancia. Estos, sin embargo, estaban más enfadados con su conducta y empezaron a perseguirlo y a picotear su cabeza.

Moraleja: cuando alguien disfraza su presencia, falsifica su persona. Cuando una persona finge su pasión o su confianza, no engaña a nadie. La gente siempre juzga a otros por su apariencia, su presencia y su comportamiento. ¿Está usted intentando ser algo o alguien que no es? La gente puede detectar una presencia fingida. La presencia coherente y verdadera reporta poder. Su presencia es la clave para desarrollar carisma al instante.

CARACTERÍSTICAS/HABILIDADES DE UNA PRESENCIA IMPONENTE

- Pasión
- Confianza
- Coherencia
- Optimismo
- Poder positivo
- Energía y equilibrio
- Humor y felicidad

CAPÍTULO 1

PASIÓN:
LA TRANSFERENCIA DE ENERGÍA PURA

"Una persona con pasión es mejor que cuarenta con simple interés".
—E.M. FORSTER

Quienes saben a dónde se dirigen atraen a otros porque demuestran pasión y por lo tanto carisma. Uno puede identificarlos
fácilmente cuando los conoce o cuando entran a algún lugar. Otros
se sienten atraídos a ellos porque muy en su interior la gente quiere
desarrollar pasión por algo. Cuando las demás personas perciben esa
pasión en nuestros ojos, nos hacemos carismáticos. La gente percibe
que podemos ayudarles a mejorar su vida. Esto no es una garantía
de que uno va a ser del agrado de todo el mundo. No obstante, las
demás personas van a respetarle por demostrar convicción y pasión.

La pasión es una cualidad esencial para influir en otros y
transmitir carisma. Los individuos carismáticos irradian pasión
desde el corazón. Cuando las personas sienten nuestra pasión y
convicción sincera por la causa, de inmediato se vinculan emo-

cionalmente con nosotros. A todos nos gusta conocer a quienes se sientan entusiasmados y estén llenos de una pasión creíble por sus propósitos. Cuando uno siente pasión por algo, quiere hacer que otros se enteren de ello. Uno desea que el mayor número de personas posible apoye su causa. Y cuando la persona está llena de pasión y encuentra a quienes no concuerden con ella, está en posición de escuchar abiertamente sus opiniones, consejo y punto de vista, a la vez que mantiene su compostura y convicción.

La pasión es muy contagiosa. Cuando uno trasmite esa pasión, la gente a su alrededor comienza a absorber esa energía y empieza a tener un mejor desempeño. El trabajo deja de ser trabajo para convertirse en deleite. Las personas se hacen más proactivas, más optimistas y se muestran más dispuestas a trabajar como grupo. Cuando uno se conecta con su pasión se hace más determinado, y la determinación fortalece la persistencia.

Una palabra de precaución: aun cuando demostremos pasión no olvidemos aprender las demás habilidades que se necesitan para alcanzar el éxito. La pasión es una pieza fundamental del entramado que construye el carisma, no obstante, se necesitan otros componentes para irradiar un carisma poderoso y duradero.

La pasión siempre incluye entusiasmo, pero no se puede demostrar entusiasmo si no se tiene pasión. El entusiasmo es un fuerte sentimiento que se demuestra a favor de una causa. Posiblemente usted conozca a personas que irradian entusiasmo. Se ve en sus rostros y en su comportamiento —se muestran inequívocamente motivadas— y ello causa mucha curiosidad. El entusiasmo no solamente reduce la preocupación y el temor, sino que también crea confianza, compasión, y produce sincronización entre usted y la gente.

EL PUNTO CIEGO

La mayoría de las personas tiene problemas para conectarse a su verdadera pasión. Muchos confunden la cafeína extra fuerte o la excitación con la pasión. La pasión no consiste en estar lleno de energía y moverse por todos lados como un cachorrito. La verdadera pasión se irradia y cautiva a otros de forma natural sin necesidad de ser forzada. Si las personas a nuestro alrededor se sienten forzadas o bajo un estado de ánimo no realista, se apartarán de inmediato. Nos verán como una farsa, y esa percepción disminuirá nuestra habilidad para influenciar en ellos. Conéctese con su verdadera pasión, lo que hará que otros se sientan atraídos hacia usted e impulsados a apoyar su posición. El simplemente estar exaltado no irradia pasión. Asegúrese de demostrar verdadera pasión, no un entusiasmo falso o exagerado.

LA APLICACIÓN

Las personas que tienen carisma aumentan su entusiasmo mediante aprender más respecto al tema de su interés. Desarrollan convicción respecto a lo que hacen. Crea en usted y en su mensaje. Irradie entusiasmo en todo lo que haga. Por otra parte, el entusiasmo fingido, el bombo y la falsa energía destruyen el carisma. Se puede aumentar el carisma mediante:

- Mantener siempre su credibilidad
- Ser sincero en todas las relaciones
- Desarrollar siempre relaciones vinculantes con otros
- Mantener constante la confianza

EL EJEMPLO

John Wooden representa un buen ejemplo de pasión. Quienes le rodeaban, especialmente sus jugadores, sentían esa pasión y eran influenciados por ella. Él fue el entrenador de baloncesto de la UCLA durante su mejor época. Él reclutaba talento en bruto, demandaba práctica juiciosa y suministraba pasión, entusiasmo e inspiración. Sus equipos ganaron 665 juegos en 27 temporadas y obtuvieron 10 títulos NCAA durante las últimas 12. Sus equipos ostentaron el récord de todos los tiempos de ganar 88 juegos uno tras otro y de tener cuatro temporadas perfectas. Wooden nunca ganó más de USD $35,000 al año, pero su pasión e impacto en los jugadores y en las multitudes durarán para siempre. Amaba lo que hacía y demostró que la pasión constituye un elemento crítico del éxito.

LA CLAVE DEL CARISMA

Encuentre su pasión. Conectarse con ella puede asemejarse a la escultura. El escultor cada vez que desprende un trozo de material sobrante se acerca más a su meta. A veces descubrimos nuestra pasión cuando hacemos cosas que en un principio no queremos hacer. Inicie experimentando con tareas y temas diferentes. Conozca a otras personas. Usted no sabe si cierto alimento le va a gustar hasta cuando lo pruebe. Lea más, únase a clubs, dedique más tiempo al desarrollo personal en áreas relacionadas con sus intereses. Uno no puede demostrar pasión por algo si no conoce acerca de ese tema. De hecho, aprender más sobre cierto tema constituye una manera de acrecentar la pasión.

Esta es la pregunta en la cual quiero que piense hoy: cuando se trata de considerar aquello que está haciendo en su vida, ¿está usted cantando la canción y verdaderamente sintiéndola, o simplemente está repitiendo las palabras, siguiendo las tonadas? Piense en su respuesta.

Califique su nivel de pasión.
Escriba su puntaje en la página 239.

0	1	2	3	4	5	6	7	8	9	10
Pobre		Débil		Promedio			Fuerte		Perfecto	

CAPÍTULO 2

CONFIANZA:
LA CONVICCIÓN
ES CONTAGIOSA

"Si usted no cuenta con una confianza humilde pero razonable, en sus propias capacidades no podrá ser feliz".

—NORMAN VINCENT PEALE

La confianza es esa característica que incrementa su carisma y que hace que otros se sientan atraídos hacia usted. A la gente le gusta seguir y sentir la influencia de otros que tienen confianza en sí mismos y en sus habilidades. La mayoría de las personas tienen deficiencias en la arena de la autoconfianza, pero su confianza puede suplir esa deficiencia. La confianza genera confianza. Cuando usted demuestra confianza en su área, en su industria y en su vida, hace que otros aumenten su confianza en usted. Las personas a quienes admiramos usualmente son personas que saben lo que quieren y tienen la confianza de conseguirlo.

Usted deberá aprender a comunicarse con bastante confianza y autoridad. La percepción de la confianza es crítica para mantener el carisma. Cuanta más confianza demuestre, mayor será el carisma que irradiará. La gente percibe su confianza en el tono de la voz, en el lenguaje corporal y en otros indicadores subconscientes. La confianza verdadera es un estado mental. A veces en la vida personal y profesional la confianza puede ser derribada, por lo tanto necesitará ser reconstruida. Las personas carismáticas pueden mantener la confianza en todas las situaciones aun cuando enfrenten derrotas, retrocesos o resultados impredecibles. En ocasiones todos tenemos la tendencia de sentirnos incompetentes o inferiores. Cuando alguien ha perdido fe en sí mismo o ha tenido fracasos en su vida, pierde la confianza a través del temor, lo cual puede definirse simplemente como la duda magnificada. Todas las preocupaciones, dudas, inquietudes e inseguridades están relacionadas con el temor de una forma o de otra.

El temor engendra duda y la duda destruye la confianza. Usted necesitará asegurarse de que su confianza es superior a sus dudas. ¿Qué perciben las demás personas en usted? ¿Siente temor de ejercer confianza y carisma? El deseo de superar su temor deberá ser más grande que el temor mismo. Aunque puede ser normal sentir temor, usted deberá estar en condiciones de manejar y enfrentar ese temor. Cuando usted duda de usted y de sus habilidades, los demás dudan de usted y de su carisma.

Otros factores que pueden destruir la confianza son:

- Los pensamientos negativos
- La indecisión de propósito
- Las preocupaciones

La gente que carece de confianza siempre tendrá dificultades para influir eficazmente en otros y crear carisma. Aun cuando usted tenga confianza, en ocasiones experimentará temor, tensión o desasosiego. La confianza es la habilidad que se requiere para controlar esos sentimientos. Si a usted se le percibe como una persona con una confianza baja, eso mismo se verá reflejado respecto a su producto, su persona o su idea. No sienta pánico si no se siente confiado en cada encuentro; la confianza se logra a medida que pasa el tiempo. La confianza completa implica experiencia, práctica y paciencia.

Es posible que se esté preguntando: "¿Pudiera el exceso de confianza afectar mi habilidad de irradiar carisma?" ¡Por supuesto! Usted deberá evitar sobrepasar los límites de la condescendencia o la arrogancia. ¿Cómo saber exactamente el límite entre la confianza y la presunción? Todo tiene que ver con la intención. La confianza se basa en un deseo sincero de ayudar a otros y de querer hacer la diferencia. La verdadera confianza proviene de saber que se tienen las herramientas, los recursos y la habilidad para hacer el trabajo que se espera hacer. En contraste, la presunción se enfoca en la necesidad de ayudarse sólo a sí mismo, en vez de querer ayudar a otros. Yendo al fondo, la presunción simplemente revela inseguridad —lo diametralmente opuesto a la confianza.

Los individuos arrogantes buscan aprobación y reconocimiento a través de motivos y de formas equivocadas. La arrogancia hace que las personas se vuelvan egocéntricas, mientras que la confianza hace que las personas quieran ayudar a otros. La arrogancia se centra en el yo mientras que la confianza se centra en los demás. Lo que importa no es si usted dice o hace las cosas bien; si le hace falta confianza, la causa está perdida. Aun si usted le agrada a la gente, pero no tiene confianza, no tendrá la habilidad de influir y tener carisma.

EL PUNTO CIEGO

La forma como usted cree que se ve y la forma como en realidad es percibido por los demás, son completamente diferentes. ¿Cómo lo perciben realmente los demás? ¿Está usted centrado en ayudar a los demás o centrado en sí mismo? Es posible que usted piense que tiene confianza, y que demuestra confianza, pero puede ser percibido como arrogante, presuntuoso o condescendiente. Existe una línea delgada que diferencia la confianza con la arrogancia. Ese es el punto ciego. El otro asunto es que la falta de confianza puede generar temor y falta de confianza en aquellos en quienes usted intente influir. El punto es: si no hay confianza, no hay carisma.

LA APLICACIÓN

Recursos adicionales para evitar caer en la trampa de parecer demasiado confiado o arrogante:

- Siempre acepte la retroalimentación o la crítica con una mente abierta
- Dedique más tiempo a escuchar que a hablar
- Esté en condiciones de admitir que se ha equivocado
- No intente siempre probar que tiene la razón
- Haga preguntas que demuestren interés
- Haga que otros expliquen por qué usted es digno de credibilidad

EL EJEMPLO

En el mundo de los deportes, cuando se habla de la palabra confianza, el nombre de Joe Namath sale a relucir. Él jugó para los Jets de Nueva York cuando estos eran parte de la Liga de Fútbol Americano (AFL). Los Jets jugaron el Súper Tazón III contra los poderosos Colts de Baltimore en un tiempo en que nadie pensaba que un equipo de la AFL pudiera competir con un equipo de la Liga Nacional de Fútbol (NFL). Los dos Súper Tazones anteriores representaron victorias completas de los jugadores de la NFL sobre los jugadores de la AFL. Los Jets tenían 17 puntos de desventaja. A Joe Namath se le llamó para dar una conferencia de prensa y en esta, con gran autoridad y confianza dijo: "Les garantizo que vamos a batir a los Colts de Baltimore". Su confianza condujo a su equipo a ganar ese Súper Tazón, 16 a 7, y Joe Namath ganó el título MVP. Lo demás es historia.

LA LEY DEL CARISMA

Algo que puede afectar nuestra percepción de la confianza es la vergüenza —la cual se genera al estar preocupado por aquello que los demás puedan pensar de uno, por la preocupación de cometer un error en público o por romper algún condicionamiento social. La mejor manera de vencer la vergüenza consiste en entender que la mayoría de las personas son comprensivas si se maneja la vergüenza de la forma correcta. Los estudios demuestran que aquellos que reconocen su vergüenza son más aceptados que aquellos que la niegan. Usted es un ser humano y la vergüenza es una emoción humana. Admítala, sonría y ríase de ello, y continúe adelante. Nadie hace todas las cosas bien, y quienes le observan entenderán si usted reconoce su error o su vergüenza. De igual modo, cuando usted ayuda a alguien a sentirse menos abochornado, sus índices de simpatía aumentan. Cuando usted fortalece su confianza, las posibilidades de sentirse abochornado disminuyen dramáticamente.

El día de hoy, reconozca su deficiencia o ayude a alguien a sentirse menos abochornado.

Califique su nivel de confianza
Escriba su puntaje en la página 239.

0	1	2	3	4	5	6	7	8	9	10

Pobre	Débil	Promedio	Fuerte	Perfecto

CAPÍTULO 3

COHERENCIA:
LA ACCIÓN EN CONTRA DE LA INTENCIÓN

"Puedes engañar a todo el mundo algún tiempo. Puedes engañar a algunos todo el tiempo. Pero no puedes engañar a todo el mundo todo el tiempo".

—ABRAHAM LINCOLN

Para infundir confianza y generar carisma es absolutamente esencial tener acuerdo y armonía entre lo que se dice y lo que se hace. Cuanto más consistente y coherente sea usted en todo aspecto de su mensaje, mejor será percibido como persona honesta y genuina. Si usted no cree en su mensaje, otros no creerán en él. Cuando usted practica lo que predica, la gente empieza a practicar lo que usted predica. Cuando usted es coherente, se hace más auténtico. Esta autenticidad es lo que ayuda a acrecentar su carisma y lo que hace que la gente se sienta atraída hacia usted. Cuando usted es congruente, no necesita manipular, ocultar o camuflar su comportamiento o su mensaje.

La coherencia abre la puerta de la influencia y del carisma. Aumenta su credibilidad y simpatía. Se tiene coherencia cuando nuestro mensaje está sincronizado con nuestras creencias y valores. Se manifiesta cuando la voz, el lenguaje corporal, las palabras y el tono vocal son congruentes y están alineados. Se evidencia cuando los mensajes verbales y no verbales están de acuerdo. La coherencia es aún más importante cuando el tema que uno trata es altamente emocional. El mensaje deberá ser completamente coherente a fin de poder acrecentar el carisma. Cuando los mensajes de una persona no evidencian armonía, se le suele percibir como alguien poco confiable, una persona que duda, que no tiene suficiente conocimiento y por lo tanto, como alguien a quien le falta carisma.

Piense en todo su historial y más específicamente, en su última interacción. ¿Demostró usted coherencia? ¿Armoniza su comportamiento no verbal con sus palabras? ¿Está usted seguro de eso? ¿Demuestran sus emociones coherencia con su mensaje? Cuando los encuentros no están alineados con su mensaje, la incompatibilidad genera incongruencia. El sentimiento de incongruencia normalmente se manifiesta como una sensación que surge en las personas. Se generan sospechas, y las personas a nuestro alrededor empiezan a buscar aquello que está mal en nuestro mensaje. La desconfianza erosiona el carisma. La inconsistencia disminuye nuestra habilidad de ejercer influencia porque los seres humanos somos detectores de mentiras por naturaleza.

El engaño, por supuesto, es algo negativo —no hay dudas al respecto. Pero uno puede desencadenar la incongruencia simplemente porque está nervioso o inquieto e inadvertidamente demuestra señales de engaño. En ocasiones, a pesar de estar diciendo la verdad, y de pensar que estamos siendo coherentes, podemos estar enviando señales subliminales de incoherencia y engaño. Las personas probablemente no identifican exactamente qué es aquello que no genera confianza, pero de algún modo lo experimentan y eso es lo que importa. Todos hacemos microexpresiones que ocurren tan rápidamente que la mente consciente no las percibe, pero no pasan inadvertidas a la mente subconsciente. Las microexpresiones son expresiones faciales rápidas que indican engaño o nerviosismo. Otra cosa que genera una señal en el radar de engaño de quienes nos rodean es cuando ocurre una desconexión entre nuestras emociones y nuestra reacción. Por ejemplo, si uno hace un rostro enojado, y cinco segundos después golpea la mesa con su mano, obviamente no está sintiendo esa emoción. Asegúrese de ser coherente en todos los aspectos de su mensaje.

La coherencia es algo fácil de entender, pero para muchas personas algo difícil de alcanzar. Se desgasta energía mental cuando se intenta recordar una mentira que se haya dicho en el pasado o en una ocasión anterior. Los intentos de engañar simplemente requieren de mucha energía restando vitalidad al propio desempeño, haciendo que su audiencia sienta que algo anda mal. Cuando uno dice la verdad es consistente, y se tiene convicción sobre lo que se cree, lo cual lo hace a uno naturalmente coherente y más carismático.

EL PUNTO CIEGO

Aun cuando usted se sienta coherente, puede no parecer congruente. Sea que esté engañando o no, sea que esté siendo insincero o no, usted pudiera estar dando esa impresión. ¿Una mentira piadosa? ¿Una mentirita? Nadie lo sabrá. Nadie lo notará. La gente no dice nada respecto a no creer en usted o en su mensaje. Una pequeña decepción en el pasado ya ha ejercido su influencia. La mayoría de las personas que ven incoherencias no dicen nada al respecto. Cada gesto y ademán que usted haga atraerá o repelerá a la gente. En todo momento usted aparece como una persona coherente o incoherente. La gente nos lee como si fuéramos libros. ¿Concuerdan sus ademanes con su mensaje?

LA APLICACIÓN

Todo el mundo se fija en el comportamiento no verbal. Cuando sentimos que algo no anda bien otros lo perciben como una forma de incoherencia o de engaño de parte nuestra. Hágase consciente de que muchas de sus acciones no verbales pudieran interpretarse como incoherencia. Pudieran ser parte habitual de su comportamiento, pero pudieran verse como una forma de engaño. Aquí hay algunas cosas que producen sensación de engaño:

- Contacto visual forzado
- Reclinarse sobre la silla
- Frotarse o tocarse los labios
- Rascarse el rostro
- Tener pupilas dilatadas
- Bostezar
- Levantar el tono de la voz

EL EJEMPLO

Mahatma Ghandi dio un excelente ejemplo de coherencia. Él pasó muchos años en prisión y lideró muchas campañas de la no violencia a favor de los Derechos Civiles y en contra de los impuestos, la pobreza y la discriminación. Su mayor victoria fue la independencia de India de la dominación de una potencia extranjera. Todo el mundo sabía que lo que él decía, hacía y sentía, armonizaba completamente. En una ocasión fue invitado a Inglaterra a la Cámara de los Comunes. Estando allí, habló y cautivó a la audiencia durante más de dos horas sin utilizar notas ni hacer preparativos. Luego de su discurso, obtuvo una ovación de pie de parte de todos los asistentes, aún de parte de los más escépticos. Le preguntaron a su asistente cómo era posible que él pudiera hablar por más de dos horas sin utilizar notas. El asistente contestó: "Ghandi dice lo que siente y dice lo que piensa, porque sus pensamientos y sus sentimientos son una sola cosa".

LA LLAVE DEL CARISMA

Vigile sus gestos, su lenguaje corporal y el tono de su voz. ¿Demuestra usted coherencia a través de estos? La mejor manera (y más dolorosa) de reducir el nivel de incoherencia en nuestros mensajes consiste en grabar un video que registre nuestra forma de actuar. Cuando uno se ve a sí mismo, descubre cosas de las cuales antes no estaba consciente que pudieran estar contradiciendo nuestro mensaje. Usted puede hacer que un amigo vea el video con usted y que este le dé retroalimentación sincera. Recuerde que cada gesto, cada palabra, y el tono de su voz indican "coherencia" o "incoherencia". No posponga esto; hágalo hoy mismo.

Califique su nivel de coherencia
Escriba su puntaje en la página 239.

0	1	2	3	4	5	6	7	8	9	10

Pobre	Débil	Promedio	Fuerte	Perfecto

CAPÍTULO 4

OPTIMISMO:
AJUSTE SUS ACTITUDES

"Los pesimistas ven dificultades en cada oportunidad; los optimistas ven oportunidades en cada dificultad".

—WINSTON CHURCHILL

La mayoría de los hombres de negocios exitosos atribuyen su éxito a su optimismo y a su actitud más que a cualquier otra cosa. ¿Cómo se puede inspirar a las personas y transmitir carisma si no se tiene la actitud correcta y una perspectiva optimista? La actitud que usted manifieste respecto a la lluvia inesperada en sus vacaciones en Hawái puede arruinar el momento o hacerlo más divertido y memorable. El optimista piensa que los problemas son sólo temporales, el pesimista piensa que los problemas son permanentes y que no habrá salida. Dado que irradian carisma, los optimistas atraen a las personas y hacen que se unan a su causa. Los estudios demuestran que los optimistas tienen un mejor desempeño académico y en su carrera, y viven más tiempo que los pesimistas. Los pesimistas tienden a experimentar depresión y se dan por vencidos más fácilmente.

El optimismo consiste en mucho más que la AMP (actitud mental positiva). Implica más que decir cosas positivas constantemente con la esperanza de que estas se hagan realidad. El verdadero optimismo consiste en un marco mental que gobierna la forma como visualizamos al mundo. El optimismo significa tener expectativas de que las cosas con el tiempo se pondrán mejor, implica creer firmemente que alcanzaremos todo aquello que nos hemos propuesto y también que estaremos en condiciones de ayudar a otros a alcanzar sus metas. Cuando uno es verdaderamente optimista puede contagiar a otros con la misma esperanza y valor.

Tener optimismo implica que uno tiende a ver la mayoría de cosas de forma positiva bajo todo tipo de situaciones. En vez de concentrarse en lo negativo, el optimista busca siempre la manera de avanzar hacia delante. La gente se siente atraída hacia aquellos que tienen un estilo de vida positivo. La persona optimista mira al mundo como si se tratara de una serie de eventos excitantes que se pueden conquistar. Inspira sentimientos positivos que son contagiosos. Empodera a otros para que crean en sí mismos y en su futuro. Cuando uno es optimista ayuda a otros a ver los fracasos y las dificultades como algo temporal. Los optimistas saben que los fracasos ocurren porque había algo que debía aprenderse o corregirse. Los pesimistas, por su parte, consideran el fracaso como una debilidad permanente o culpan a otros por los resultados. El optimismo, por lo tanto, consiste en la habilidad de rebotar más temprano que tarde.

La actitud es un producto derivado del optimismo, un reflejo de lo que sucede al interior de la persona. La mayoría de la gente no dedica tiempo a pensar en sus actitudes y permite que estas los controle durante el día. La actitud es un hábito que surge a partir de nuestras expectativas, es decir, lo que esperamos de nosotros mismos y de los demás. Usted puede influir en otros a través de la actitud correcta. Cuando dominamos el arte de la influencia, sabemos que nuestra actitud, nuestro optimismo, y nuestras expectativas, son esenciales para hacer que otros emprendan la acción. Su carisma, su actitud y sus expectativas se verán reflejados en las personas en las que usted intenta influir. Nadie puede influir en otros a largo plazo si tiene una actitud negativa. Usted se hace carismático cuando logra cambiar la negatividad de las personas en algo más positivo. Usted deberá aprender a mirar el mundo de un modo diferente y evitar sofocarse con el desafío mismo y más bien, dedicar tiempo a buscar la solución. Cuando encuentre baches en el camino, no se detenga a suspirar, a quejarse o a pensar que no es justo. Busque los recursos y estrategias para superar esos baches. La actitud optimista permite asumir riesgos, con la convicción de que las cosas van a resultar. Incrementa la resiliencia cuando enfrentamos desafíos, y nos convertimos en personas más creativas, motivadas y flexibles. El optimismo nos permite irradiar carisma.

EL PUNTO CIEGO

Todos nacemos siendo bastante optimistas. Entonces la vida nos golpea, y nos suceden cosas y empezamos a desarrollar actitudes pesimistas. Con el tiempo el pesimismo aumenta. Cuando esto sucede, atraemos a las personas pesimistas a nuestra vida y ni siquiera percibimos ese cambio sutil. Continuamos pensando que todavía somos optimistas, pero nos hemos vuelto hacia ese lado oscuro sin siquiera detectarlo. Asuma una mirada realista respecto a la forma como usted aborda la vida. ¿Es usted realmente una persona optimista o tiene una visión pesimista de la vida? ¿Cree usted que las cosas funcionarán y espera lo mejor de las personas? El punto es que usted puede hacerse cada vez más optimista. El pesimismo repele al carisma.

LA APLICACIÓN

Usted puede mejorar su optimismo de formas específicas. Utilice los siguientes métodos para acrecentar su optimismo y su habilidad para influir en otras personas para generar carisma.

- Decida ser optimista
- Asuma la responsabilidad de su vida y nunca culpe a los demás
- Edifique sobre la base de su éxito presente y de sus victorias pasadas
- Asóciese con personas positivas
- Vigile la forma como se habla a sí mismo. Manténgase positivo
- Manténgase saludable y siempre haga ejercicio
- Desarrolle la habilidad de convertir rápidamente el ánimo negativo en ánimo positivo

EL EJEMPLO

Mi ejemplo favorito de optimismo es Lance Armstrong. Lance ganó dos etapas en el Tour de Francia antes de cumplir 25 años. Después de eso, le fue diagnosticado cáncer testicular, el cual se extendió a los pulmones, a su abdomen y al cerebro. Fue operado y los médicos le dieron solamente un 50% de probabilidades de sobrevivir. Su optimismo, su actitud y sus expectativas no solamente le permitieron sobrevivir sino también ganar consecutivamente en siete oportunidades el Tour de Francia, así como convertirse en el deportista del año en 1999. Él es el único que ha ganado tantas veces esa competencia. Muchos pudieran haber visto el diagnóstico de cáncer como una verdadera derrota, pero el optimismo de Lance lo vio como una oportunidad para rebotar en el camino.

LA CLAVE DEL CARISMA

¿Considera usted que el pesimismo lo tiene atado de manos? ¿Le gustaría actuar de forma diferente pero siente que está programado de forma natural para ser pesimista? Si todo el mundo a su alrededor le derriba mediante el pesimismo hay una solución: intente ver los resultados positivos potenciales en cada uno de los desafíos que encuentre. No sea demasiado sensible a la crítica de otros ni se preocupe demasiado por lo que otros piensen de usted. Deje de buscar posibles señales de fracaso o adversidad. El día de hoy intente concentrarse en aquello que está mejorando en vez de lo que no va bien. Controle sus relaciones y pase más tiempo con personas que sean optimistas. Acuda a otros que puedan ayudarle a superar los baches en el camino. Cuando se sienta desanimado, dedique tiempo a servir a otros. Ello obrará milagros en su optimismo y en su actitud.

Califique su nivel de optimismo
Escriba su puntaje en la página 239.

0	1	2	3	4	5	6	7	8	9	10

Pobre	Débil	Promedio	Fuerte	Perfecto

CAPÍTULO 5

PODER POSITIVO:
LA FUERZA NO ES EL CARISMA

"Yo prefiero persuadir a un hombre para que pueda avanzar, porque una vez que lo haya persuadido él continuará avanzando hacia adelante. Si lo asusto, él continuará en el camino sólo durante el tiempo en que continúe asustado, después desistirá".

—**WINSTON CHURCHILL**

El poder se manifiesta de muchas maneras. Ciertas formas de poder incrementan nuestro carisma y nuestra habilidad para influir en otros. Cuando utilizamos de forma legítima el poder, la gente se muestra más dispuesta y deseosa de emprender la acción. Cuando el poder se utiliza de forma incorrecta, se producen consecuencias negativas a largo plazo.

Casi todas las organizaciones tienen algún tipo de jerarquía de autoridad. Las normas (escritas y no escritas) dictaminan la forma como la gente debe actuar frente al poder y la autoridad. Los gerentes siempre piensan que tienen gran poder, pero en realidad tienen menos poder del que piensan. La habilidad de recompensar o castigar no es la clase de poder que genera carisma. El poder interno siempre supera al poder externo.

Las personas carismáticas saben de forma instintiva cómo utilizar las diversas formas de poder. El poder construye cuando se utiliza para ayudar a otros a conseguir lo que necesitan o desean. El poder se diferencia de la fuerza. El poder genera confianza, fortalece y es posibilitador. La fuerza, por el contrario, siempre debe ser mantenida, reforzada y garantizada. La fuerza absorbe la energía vital de la gente. El verdadero poder estimula y crea unidad y sinergia. El poder hace que escuchemos y obedezcamos. La fuerza nos hace escépticos y deseosos de huir. La gente carismática no tiene deslices de abuso del poder ni siente la necesidad de forzarse a sí misma o a otros para que hagan cosas simplemente porque sí. Saben cómo utilizar las formas apropiadas de poder con un propósito ético. El poder utilizado de forma positiva aumenta nuestro carisma y hace a la gente receptiva hacia nosotros. El conocimiento, la experiencia y la autoridad son formas positivas de poder.

Una forma de poder que nos ayuda a desarrollar el carisma tiene que ver con entender el poder de la autoridad, el cual se basa en cómo la gente percibe su nivel de conocimiento, posición o experiencia. Usted tiene ese poder cuando otros consideran que usted tiene un conocimiento específico que ellos necesitan o cuando tiene una posición superior a la que ellos tienen. Este tipo de autoridad faculta a quienes tienen una posición de poder para influir en otros de modo que puedan comportarse en conformidad con su estatus, posición o rango. Los presidentes corporativos y los oficiales de policía tienen esta forma de poder. Uno se siente impulsado a obedecer al jefe o al agente de policía con base en su posición de autoridad.

Ejercer el poder de la autoridad no significa que se deba ser egoísta o condescendiente. La gente a su alrededor tiene ciertas expectativas de que usted puede ayudarles o aconsejarles de forma que puedan resolver sus problemas. La ayuda pudiera venir en la forma de un producto o un servicio, o mediante una recompensa o un contacto. La gente desea ser dirigida en la dirección correcta por alguien que sea competente y tenga suficiente conocimiento. Y si esa persona es usted, entonces es usted quien tiene el poder del carisma. Considérese a sí mismo como un consultor o un consejero. Usted no está vendiendo nada; usted está ayudando a la gente a tomar la decisión correcta. Ver el carisma y la influencia de este modo cambia la perspectiva de cualquier persona. Usted se vuelve la figura de autoridad, y todo el mundo está programado para seguir a la autoridad en la que confían. Cuando usted logra probar que es experto, que cuenta con las habilidades o que es capaz, entonces obtiene el poder de la autoridad.

Otra forma de poder se deriva de la manera como vestimos. Usted puede crear impresiones instantáneas de poder con la ropa que viste, por ejemplo, un uniforme o cierto tipo de atuendo característico. Su ropa o su uniforme pueden evocar autoridad y hasta prestigio en un instante. Cuando usted utiliza la ropa correcta o el uniforme indicado para la ocasión, puede construir el carisma e influir antes de siquiera decir una sola palabra.

La última forma de poder percibido tiene que ver con un título. Por ejemplo, los títulos "presidente", "gerente general", o "capitán" crean ciertas expectativas de autoridad y respeto. Por ejemplo, cuando escuchamos la palabra "doctor" antes de un nombre, automáticamente pensamos que la persona ha de ser importante y/o inteligente. Ni siquiera cuestionamos si esta persona se graduó con méritos o si acaso será bueno en su especialidad. Cuando usted tiene un título que proyecta respeto y atención, su habilidad de influir se fortalece. Encuentre un título que sea apropiado para usted y para su trabajo. Por ejemplo, los títulos "vicepresidente", "socio", "director ejecutivo", o ejecutivo de cuenta, pueden ayudarle a aumentar su poder e influencia.

EL PUNTO CIEGO

El punto ciego consiste en no entender que el poder mismo es neutral y que podemos utilizarlo de forma correcta o incorrecta. Por alguna razón, el simple hecho de hablar acerca del poder nos pone un poco nerviosos. El desafío está en que la mayor parte de nuestras experiencias relacionadas con el poder son negativas. Cierta clase de jefe puede decir: "Hágalo o será despedido". Es cierto que ese tipo de frases pueden funcionar por un tiempo corto, pero no constituyen una buena forma de poder o influencia. El temor tiene tiempo y lugar, pero disminuye nuestra habilidad de radiar carisma a largo plazo. Superar el punto ciego puede consistir en darnos cuenta que el poder puede ser algo muy positivo. La gente desea de forma natural seguir las buenas formas de poder. El poder ayuda a irradiar carisma. La mayoría de la gente no logra reconocer el hecho de que cuentan con varias de las buenas formas de poder, pero no lo saben o no lo utilizan.

LA APLICACIÓN

Es posible que aun cuando usted tenga formas legítimas de poder, esté haciendo cosas que socaven ese poder. Estas son algunas:

- Exceso de seriedad: todos necesitamos distensionarnos una que otra vez.
- Apariencia: la forma como usted viste para la ocasión pudiera restarle autoridad.
- Habilidades comunicativas pobres: divagar o utilizar muletillas no ayuda mucho.
- El poder se sube a la cabeza: a pesar que no lo haga de forma intencional, usted podría aparecer como el amo del universo.

❈ Servirse a sí mismo y no a los demás: el ego se interpone en el camino del poder positivo.

❈ No demostrar respeto hacia los demás: esto incluye un sentido de competitividad.

EL EJEMPLO

Considere el poder del Dalai Lama, designación que corresponde a una genealogía de líderes religiosos tibetanos. Él es el líder espiritual del Tíbet. Se cree que el Dalai Lama nace de nuevo a fin de iluminar a otros. El actual Dalai Lama (el número 14) ganó el premio Nobel de la Paz en 1989. Su posición es un excelente ejemplo de poder. El Dalai Lama tiene el poder de influir en sus seguidores, pero no tiene ningún poder en quienes no son sus seguidores. El poder es un asunto de contexto y varía de persona en persona. Si usted fuera seguidor del Dalai Lama y lo conociera en persona, de inmediato sentiría su poder sobre usted, el cual proviene de su posición y de su título. Él podría tener poder personal sobre usted aun antes de decir una sola palabra.

LA CLAVE DEL CARISMA

¿Tiene usted autoridad real para conducir y guiar a otros mediante el carisma? La clave está en escoger una forma de poder y aumentarla. Inicie de inmediato. La experiencia es la forma más fácil de poder que se puede implementar. ¿Conoce usted su producto, a sus competidores, las predicciones o la industria? ¿Sabe usted qué es lo que su público busca en realidad? Cuando usted logra resolver el problema de su público, es más fácil influir en él. Cuando usted tiene poder legítimo, la gente no se resiste y permite ser influenciada.

Otra forma de poder que puede ser fácilmente implementada consiste en extender el valor de su título. El día de hoy, cree un título que aumente la percepción de su poder. Asegúrese de que sea un título que genere respeto, y uno que usted pueda adoptar de forma apropiada.

Califique el estado de su poder positivo

Escriba su puntaje en la página 239.

0	1	2	3	4	5	6	7	8	9	10

Pobre	Débil	Promedio	Fuerte	Perfecto

CAPÍTULO 6

ENERGÍA Y EQUILIBRIO:
EL BIENESTAR VIBRANTE

"Cuanto más alto sea su nivel de energía, mejor desempeño tendrá su cuerpo. Y cuanto más eficiente sea su cuerpo, mejor se sentirá para utilizar sus talentos para producir resultados sobresalientes".
—ANTHONY ROBBINS

¿Lo ha sentido alguna vez o lo ha experimentado? Cuando uno está alrededor de una persona con carisma, no sólo se siente su energía sino que dicha energía se contagia. Muchas personas proyectan un nivel de energía tan bajo que en realidad terminan repeliendo a aquellos que intentan influenciar. Es posible que usted se haya sentado al lado de alguien así alguna vez. Ni siquiera uno habla con ellos y ya siente que su propia energía se está desvaneciendo.

Usted necesita encontrar el tiempo y establecer la voluntad necesaria para crear su propio programa de salud personal. La gente juzga a otros sobre la base de cómo se ven y cómo los hacen sentir. Dé atención a su estado físico, al ejercicio, a su nutrición y a su descanso. Todos llevamos vidas muy ocupadas, y yo sé que apartar tiempo para cuidar de sí mismo es difícil, pero este es un asunto determinante para alcanzar el éxito y para construir la habilidad de influir en otros e irradiar carisma.

Cuando usted entra en un espacio, todo el mundo lo nota; y si usted despliega energía y carisma, ello se transmitirá a los demás. Cuando usted habla frente a un grupo, no sólo debe transmitir energía a su público, sino aumentar la energía del lugar mediante su presentación. Cuando una presentación o un comportamiento son carentes de vitalidad, se pierde el interés de quienes escuchan y no se trasmite carisma.

Cuando consideramos la vida, nos damos cuenta que esta no se vive en segmentos, todo hace parte de un gran cuadro que no se puede dividir en compartimientos. Cada aspecto de ella, o contribuye o afecta a nuestro carisma. Su objetivo es hacer que todas las áreas de la vida trabajen juntas para crear y transferir un nivel alto de energía. Comprenda, sin embargo, que no se puede invertir demasiado tiempo a un sólo aspecto de la vida. Cuando lo hacemos, perdemos el balance. Hasta cuando tenemos demasiado de algo bueno podemos encaminarnos al desastre.

Las personas carismáticas y exitosas aumentan su energía mediante hallar el equilibrio en su vida. Si no hay balance y a ello le sumamos falta de energía, el resultado es ausencia de carisma. Si usted no se siente bien, no podrá verse bien ante otras personas. Asegúrese de mantener el equilibrio en todos los aspectos. La falta de equilibrio puede destruir la motivación y disminuir su energía. A muchas personas les falta energía porque no están conscientes de que les hace falta equilibrio. Es posible que en su caso sólo haya un aspecto que no tenga equilibrio, pero aún así, ello puede tener un efecto directo en las otras áreas. Una buena analogía es un automóvil. Si los frenos no están funcionando bien, esto afecta su capacidad de conducir. Encuentre el equilibrio y tendrá mayor energía.

Si usted desea tener equilibrio, si desea mayor enfoque y energía, entonces necesitará alinear su vida. Existen seis áreas a las cuales se les debe dedicar tiempo cada semana (algunas demandan más tiempo que otras). Estas son:

1. Financiera: si usted no puede cuidar de sus necesidades financieras, entonces no puede cuidar de sus necesidades básicas. Si usted descuida sus finanzas, se crea desequilibrio. Todos lo sabemos, cuando no podemos pagar nuestras facturas, ello afecta a los demás aspectos de la vida.

2. Física: si uno no se siente bien, ni siquiera puede pensar en mejorar los demás aspectos. Usted necesitará tener un buen plan de salud. ¿Comprende la importancia de la nutrición, el sueño y el ejercicio? Si no es así, la falta de energía y de salud disminuirán su habilidad de tener balance y generar carisma.

3. Emocional: como seres humanos somos creaturas emocionales. No podemos permitir que emociones como la furia, el resentimiento, la frustración, el odio o la depresión controlen nuestra vida. Usted puede controlar sus emociones. Si no lo hace, no podrá controlar los demás aspectos. El dominio emocional es imprescindible para llegar a tener una vida personal feliz y equilibrada.

4. Intelectual: el desarrollo personal lo mantiene motivado hacia continuar avanzando en la realización de sus sueños. Estamos en nuestro mejor momento cuando vamos aprendiendo y mejorando de forma continua. Necesitamos hacer un mejoramiento personal todos los días, porque cuando no lo hacemos, nos convertimos en individuos negativos, cínicos y pesimistas.

5. Espiritual: usted deberá estar sintonizado con sí mismo, con su esencia y con su propósito. Somos seres espirituales; todos tenemos un lado espiritual. Todos definimos la espiritualidad de un modo diferente: servir a otros, practicar una religión, meditar, o estar en sintonía con la naturaleza. Usted deberá tomarse el tiempo necesario para escuchar su voz interna y conectarse con su espiritualidad personal.

6. Social: también somos creaturas sociales. Nuestra mayor for-
    taleza y bienestar proviene de nuestras relaciones. La mayoría
    de nuestras alegrías y tristezas se producen por interacciones
    con las demás personas. Como tales, las relaciones son una
    parte integral de la felicidad y el equilibrio. Todos necesitamos
    un sentido de significado y propósito para conducir vidas
    significativas. Ninguna persona es una isla, y la vida y el éxito
    no son únicamente proyectos.

En todo momento necesitamos asegurarnos que estamos cre-
ciendo y que estamos invirtiendo bien en las diferentes áreas. Con
frecuencia nos concentramos demasiado en las cosas equivocadas,
es decir, lo que no tiene valor y es inútil. Nos ocupamos tanto en
seguir tras aquello que otros recomiendan que nos olvidamos de
examinar lo que contribuye o afecta nuestro equilibrio y energía.
Si descuidamos alguna de las áreas de equilibrio, nuestra felicidad
general, nuestra energía y nuestro éxito, disminuirán.

EL PUNTO CIEGO

Yo lo he dicho y es probable que usted también: "No tengo
tiempo para hacer ejercicio". Si usted quiere desarrollar carisma e
irradiar energía, deberá contar con la salud necesaria para irradiarla.
El punto ciego consiste en la imposibilidad de ver la nutrición, las
relaciones, el ejercicio, y principalmente tener el equilibrio necesario que nos permita disfrutar de tener mayor energía y mayor
tiempo. Cuando hacemos ejercicio, dormimos mejor, pensamos
mejor, logramos más en menos tiempo y tenemos más años de vida.
Cada minuto que dedicamos a nuestra salud, energía y nutrición,
se multiplica con creces en beneficios. Vale la pena invertir tiempo
en ello. Así que, ¡aparte el tiempo necesario!

LA APLICACIÓN

Cuando usted tiene que hacer una presentación ante un público, la energía del salón lo es todo. Si no hay energía, no hay influencia y no hay carisma. Estas son algunas cosas que puede hacer durante una presentación, que le ayudan a incrementar la energía y la participación de todos en la sala.

- Haga que el grupo se ponga de pie, se desplace y que levanten sus manos
- Incluya actividades que generen movimiento e interacción
- Formule preguntas que inviten a la reflexión y al diálogo
- Narre una historia motivadora
- Haga reír a la audiencia

EL EJEMPLO

Cuando pienso en la energía y el carisma, pienso en Anthony Robbins. Él inició su carrera promocionando seminarios para Jim Rohn y después empezó a enseñar sobre algunos aspectos de la programación neurolingüística. Robbins es el autor del libro *Poder sin límites (Unlimited Power)* y es famoso por hacer que el público camine sobre el fuego en sus presentaciones. Es posible que usted lo haya visto en infomerciales anunciando sus programas sobre desarrollo personal. Tan sólo obsérvelo y tendrá la definición de energía y carisma. Él logra hacer que su público esté con él durante cuatro días sin interrupción; sus jornadas son bastante extensas. Robbins es tan dinámico y lleno de energía, que su público no se da cuenta que ha estado con él durante 12 horas seguidas. Su trasmisión de energía lo convierte en una persona bastante carismática.

LA CLAVE DEL CARISMA

La clave de esta sección es descubrir qué es aquello que le resta energía. ¿Qué sucede durante el día que hace que su energía decaiga? La falta de equilibrio en su vida pudiera ser un factor importante que le quita energía valiosa. Determine cuál es su área de mayor debilidad (física, intelectual, espiritual, social, financiera o emocional), y cree una estrategia para solucionarlo. Otros factores que pueden disminuir su energía son el temor al fracaso, la falta de confianza en sí mismo, la crítica de otros, el no tener pasión, el no estar en equilibrio, o pensar con una actitud negativa.

Califique su nivel de energía y equilibrio
Escriba su puntaje en la página 239.

0	1	2	3	4	5	6	7	8	9	10

Pobre	Débil	Promedio	Fuerte	Perfecto

CAPÍTULO 7

HUMOR Y FELICIDAD:
SE PRODUCEN EN NUESTRO INTERIOR

"La felicidad no es un asunto exterior. Proviene de nuestro interior. No es algo que se pueda ver o palpar, ni tampoco es aquello que hagan otros para hacernos felices; más bien, es lo que pensamos y lo que sentimos lo que nos produce felicidad, en primer lugar hacia los demás y luego hacia nosotros mismos".

—**HELEN KELLER**

Cuando usted tiene verdadero carisma es feliz e irradia felicidad. Muchas personas están en busca de esa felicidad y cuando la perciben en usted, gravitan a su alrededor. Esto significa que usted ama y disfruta la vida y a los demás les encanta estar a su alrededor. Una persona feliz atrae a otras personas. Muchos definen la felicidad en términos de fama, fortuna, éxito o riquezas; pero note que cada una de estas cosas son externas. Lo que sucede al interior de las personas es lo que realmente determina la felicidad. Solemos pensar que seremos felices cuando al final tengamos mucho dinero, o cuando nos graduemos de la universidad, o cuando nos pensionemos, o seamos promovidos en nuestro lugar de trabajo, o cuando nuestro negocio sea exitoso. No obstante, la verdadera felicidad se da en el presente, no en el futuro.

La mayoría de la infelicidad que experimentamos se basa en la propia interpretación de las cosas que suceden en nuestra vida: el estado mental, el bagaje emocional, el bienestar físico. ¿Recuerda usted una época en la que fue verdaderamente feliz? ¿Qué hacía en ese tiempo? ¿Qué era aquello que rondaba por su mente? Es probable que sintiera paz interior y seguridad respecto a lo que estaba haciendo y respecto a la dirección hacia la cual se dirigía. La felicidad usualmente implica el avance constante hacia una meta u objetivo —ir en la dirección hacia un propósito o pasión. Sin importar los factores externos de la vida, uno es capaz de ser feliz cuando tiene un sentido de propósito y dirección. Y esto es algo que se trasmite a las personas que nos rodean haciendo que ellas también aumenten su sentido de felicidad.

El uso del sentido del humor y la habilidad de trasmitir carisma son dos cosas que se relacionan directamente. El humor distensiona y hace que la gente se muestre más dispuesta a conectarse con nosotros y a sentir nuestro carisma. Nos sentimos atraídos hacia quienes nos hacen reír y que nos ayudan a sentirnos mejor con nosotros mismos y con nuestras circunstancias. El buen humor hace que los que están a nuestro alrededor se hagan más receptivos. De igual modo, hace que la gente nos recuerde y continúe pensando en nosotros de forma positiva después de nuestro contacto inicial. Cuando uno hace buen uso del sentido del humor, logra que su mensaje tenga más peso y sea de mayor consideración comparado con el mensaje de una persona que no ha creado afinidad o carisma con su público.

Los beneficios del buen humor son incontables, a la vez que críticos para desarrollar carisma. Usted no tiene que ser un comediante pero sí puede hacer que las demás personas sonrían y hasta rían. El humor impide que la mente de quienes nos escuchan divague y reconforta el espíritu. En pocas palabras, hace que la gente esté en un buen estado de ánimo y alivia las tensiones diarias. ¿Y cómo contribuye el humor al carisma? El uso apropiado del humor refuerza la confianza e incrementa su simpatía. Permite establecer la afinidad de forma instantánea y hace que la gente demuestre mayor confianza. Utilice su sentido del humor. Asegúrese de que funciona. Haga que otros pasen un buen rato y se rían con usted.

EL PUNTO CIEGO

En la vida no hay botones de reinicio ni de deshacer acciones. Necesitamos disfrutar el viaje que hacemos a lo largo del camino. Pensar que seremos felices cuando... [Llene este espacio con su imaginación] destruye nuestra habilidad de disfrutar el presente, lo que impide que irradiemos contentamiento y carisma. Esperar que las cosas externas nos traigan felicidad es andar por una pendiente resbalosa. Tal vez algunas cosas produzcan algún tipo de felicidad temporal, pero nuestra meta debe ser la de disfrutar de felicidad a largo plazo. A veces nos cegamos a nosotros mismos porque seguimos tras cosas que no traen felicidad duradera.

LA APLICACIÓN

No se preocupe si la gente en su audiencia no se ríe y ni siquiera dibuja una sonrisa. Algunas personas no esbozan una sonrisa ante nada. Es posible que estén riendo en su interior, o tal vez simplemente no quieran pasar un buen rato. Concéntrese en las personas que usted logra hacer que rían o sonrían. Aprenda a reírse de sí mismo, la cual es una buena forma de conectarse con su audiencia. Ellos se dan cuenta que usted comete errores al igual que ellos mismos, y esos errores hacen que se sientan más cómodos en su presencia. Comparta su felicidad con otros, y esté siempre preparado para

divertirse y para hacer uso de su sentido del humor. Así podrá
ayudar a otros a:

- Expresar sus sentimientos de forma más abierta
- Reducir el temor y el estrés
- Experimentar mayor satisfacción en la vida
- Acrecentar su autoimagen
- Ser más amigables

EL EJEMPLO

Un excelente ejemplo de contentamiento es Victor Frankl, un
psiquiatra que sobrevivió al terror y la brutalidad de los campos de
concentración Nazi. Frankl declaró en su libro *El hombre en busca
de sentido:* "La felicidad es una condición más que un destino. La
felicidad no es algo tras lo cual uno va en pos. Mientras más apun-
tamos a alcanzarla, menos la conseguimos. Si hay una razón para
la felicidad, la felicidad responde. Es un efecto colateral a tener
significado y propósito en la vida". Frankl tenía todas las razones
para no ser feliz. En el año 1942 fue llevado junto con su esposa y
sus padres a prisión por los nazis. En el campo de concentración
trabajó como practicante general donde fue testigo de incontables
ejemplos de sufrimiento y brutalidad. A pesar de los horrores que
experimentó, concluyó que toda persona puede ser feliz y hallar el
sentido en cualquier situación.

LA CLAVE DEL CARISMA

¿Qué puede hacer usted hoy para aumentar su felicidad y acrecentar su carisma? ¿Es usted verdaderamente feliz? Nuestra calidad
de vida es la mejor de la historia, sin embargo, la felicidad tiende a
ser la más baja. ¿Por qué?

En primer lugar, estamos tensionados, lo que genera infelicidad debido a los conflictos de las metas en nuestra vida. Tenemos
metas y aspiraciones que se contraponen las unas con las otras (por

ejemplo, llegar a ser empresario o tener un trabajo seguro), lo que genera estrés y tensión personal. El día de hoy dedique tiempo a establecer cuáles metas se hallan en conflicto en usted, encuentre una solución y experimente un aumento en su felicidad.

En segundo lugar, no tenemos metas significativas. Descubra una meta divertida, excitante y realista, y vaya por ella. De inmediato su felicidad estará en un nivel superior.

Califique su sentido del humor y felicidad
Escriba su puntaje en la página 239.

0	1	2	3	4	5	6	7	8	9	10
Pobre		Débil			Promedio			Fuerte		Perfecto

RECURSOS ADICIONALES[9] (LAWSOFCHARISMA.COM)

- Artículos de apoyo
- Sección de audio "Cómo lograr la confianza de inmediato"
- Hoja de trabajo

---

9   Nota del editor: Estos recursos están en Inglés.

SECCIÓN DOS

CUALIDADES ESENCIALES: *LO INTERIOR DETERMINA LO EXTERIOR*

FÁBULA: EL RETO DE QUIÉN CORTA MÁS MADERA

Dos vecinos vivían cerca el uno del otro en las montañas. Ambos eran bastante competitivos y siempre medían fuerzas en diversos temas. Cierto día, el primer vecino desafío al segundo para ver quién cortaba más madera en un lapso de tres horas. El segundo vecino aceptó el reto. El primer hombre empezó con mucha fortaleza. A medida que este cortaba la madera, el segundo hombre cortó la madera por espacio de media hora y luego se sentó por diez minutos a la sombra de un árbol grande. El primer hombre no podía creer la pereza de su vecino. Para su sorpresa, el segundo hombre continuó haciendo esos descansos de 10 minutos cada hora durante el trascurso de la competencia. Al final se terminaron las tres horas. Sin haber pausado siquiera un momento, el primer vecino estaba seguro que la victoria era suya. Para su sorpresa, descubrió que el segundo hombre había cortado más del doble de la madera que él. En confusión dijo: "¡Eso es imposible! Usted tomó un descanso cada hora". Entonces el segundo hombre contestó sin siquiera pestañar: "Yo no estaba descansando; yo estaba afilando mi hacha".

MORALEJA

Si no dedicamos tiempo a desarrollar y a afinar nuestras cualidades esenciales (las cuales se enlistan más abajo), a la larga perderemos. Así como sucede con afilar un hacha, tal vez no veamos la ganancia a corto plazo de pulir nuestras cualidades esenciales, pero a largo plazo los beneficios son más que evidentes. Todos sabemos que debemos afilar el hacha (es decir, cultivar estas cualidades), pero, ¿quién realmente lo hace dedicando el tiempo, las energías y la concentración que se necesitan? Cuando cultivamos nuestras cualidades esenciales, nuestras hachas se afilan, y desarrollamos nuestro carisma de forma mucho más rápida.

HABILIDADES Y CARACTERÍSTICAS ESENCIALES

- Autodisciplina
- Aptitud
- Intuición
- Integridad
- Coraje
- Creatividad
- Concentración

CAPÍTULO 8

AUTODISCIPLINA:
EL DOMINIO DE LA VOLUNTAD IGUALA AL COMPROMISO

"Al leer sobre la vida de hombres notables, encontré que la primera victoria que alcanzaron fue la victoria sobre sí mismos… siendo la autodisciplina lo que desarrollaron primero".

—HARRY S. TRUMAN

Cuando escuchamos las expresiones *autodisciplina o dominio de la voluntad*, solemos sentirnos un poco tensos. Pensamos en nuestros malos hábitos y en las cosas que no queremos hacer, o en las veces que hemos intentado ejercer el dominio de la voluntad y hemos fracasado. La autodisciplina es una habilidad crítica de la vida y necesitamos desarrollarla para ser carismáticos y altamente influyentes a largo plazo. Es cierto que se puede tener una medida de carisma sin disciplina. No obstante, la falta de autodisciplina erosiona lentamente nuestra habilidad de influir en otros, especialmente cuando ellos logran ver nuestras debilidades. Es como lo dice el viejo dicho: "Si no eres disciplinado te quedarás decepcionado".

La disciplina y el dominio de la voluntad también son conocidas como la fuerza interior. Esta es la fuerza que nos conduce y nos motiva a alcanzar el éxito verdadero. Nos permite continuar yendo en la dirección correcta y nos ayuda a desarrollar valor y persistencia. Con frecuencia tendemos a evitar los temas de la disciplina y el dominio de la voluntad porque no queremos sentirnos incómodos. Es mucho más fácil ver televisión que leer un libro; consumir comidas rápidas es más fácil que consumir una dieta saludable; permanecer en la bancarrota es más fácil que hacerse independiente económicamente. La gente desea tener resultados ya —gratificación instantánea— y cuando no consiguen las cosas de inmediato se dan por vencidos y dicen que no lo pueden lograr. Ahora bien, mire a su alrededor: la autodisciplina funciona, y también funcionará en su caso si hace el esfuerzo. Cuando a uno le hace falta autodisciplina en la vida, siente pereza, le falta inspiración y tiende a deprimirse. Esos sentimientos son exactamente lo opuesto a lo que experimenta una persona con carisma.

La disciplina es una decisión que tomamos porque logramos visualizar resultados futuros mejores a los de nuestra condición actual. Somos felices cuando sentimos que estamos logrando lo que queremos y sabemos que somos capaces de alcanzarlo. Para llegar a la cima debemos practicar la autodisciplina en todo momento. No podemos darnos el lujo de decir: "He estado bien esta semana, así que voy a relajarme un par de días". Necesitamos aprender a controlar las emociones, los hábitos, la mente y el cuerpo. Cuando así lo hacemos, es posible mantener nuestro compromiso aun cuando no nos sintamos con la mejor disposición, cuando el ánimo esté bajo o cuando estemos experimentando emociones negativas. Esta disposición mental, no sólo atrae a las personas, sino que les da paz, incrementa su motivación y produce el éxito de forma masiva.

La autodisciplina es como una batería que recarga el dominio de la voluntad. A medida que ejercemos la disciplina durante el día, la batería de la energía (el dominio de la voluntad) se desgasta. ¿Qué desgasta la batería? La fatiga, el tener que resistir las tentaciones, las emociones negativas, el nivel bajo de azúcar en la sangre, las emociones reprimidas y hasta la presión de grupo desgastan la batería de forma acelerada. Cuánto más utilicemos nuestra autodisciplina, más se desgastará nuestra batería. Las personas carismáticas parecen tener más impulso y autodisciplina. Habrá días cuando su poder de voluntad esté bajo, no obstante, disponen del medio para recargarse. En su caso, ¿qué funciona? ¿El sentido del humor, una siesta, la meditación, el ejercicio, la visualización, o hacer algo en lo que se es bueno? Usted deberá diseñar una estrategia para reconocer cuándo su disciplina esté baja y decidir la manera como va a recargar la batería antes que el suministro de energía se agote.

Los hábitos que desarrollamos se arraigan profundamente de modo que exige tiempo y energía hacer cambios. Las personas exitosas entienden que los cambios se presentan sólo cuando reconocen sus malos hábitos. Admiten para sí mismas que deben cambiar y establecen la disciplina para hacer que el cambio ocurra. La disciplina engendra valor y confianza, lo que acrecienta el carisma. Yo sé que nadie puede ser 100% disciplinado cada minuto de su vida, pero lo que sí se logra hacer es fortalecer la autodisciplina futura todos los días. Su vida es la acumulación de todos sus hábitos. Su comportamiento del día a día y sus resultados están siempre vinculados a sus hábitos. Examínelos y reconozca aquellos que sean malos hábitos. La gente carismática descubre sus malos hábitos e implementa los cambios necesarios.

EL PUNTO CIEGO

Cuando uno no tiene autodisciplina no está en condiciones de pedirles a otros que sean disciplinados. El punto ciego consiste en que el hecho de ser disciplinado en un aspecto no significa que tenga autodisciplina. La falta de disciplina en todos los aspectos nos perjudica. Digamos que usted es disciplinado en cuatro áreas, pero en otras dos no lo es tanto. Cada área débil afecta a las áreas fuertes. La autodisciplina es crítica en todos los aspectos de la vida. Tenga mucho cuidado con este punto ciego. La mayoría de las personas califican su autodisciplina en un nivel mucho más alto del que realmente es. Esta percepción equivocada les conduce a nunca trabajar en las debilidades más grandes de su vida.

LA APLICACIÓN

¿Qué necesita hacer para fortalecer su poder de voluntad y autodisciplina? Hacerlo es más fácil de lo que piensa. Usted ya tiene el deseo, y también sabe que es capaz de lograr más. También sabe que desea alcanzar mayor éxito. Esto es lo que requiere hacer para aumentar su autodisciplina:

- Divida sus metas en pasos pequeños o piezas pequeñas
- Visualice lo que va a conseguir en vez de pensar que va a darse por vencido
- Monitoree su progreso cada hora o cada día
- Asegúrese de que su objetivo es lo que realmente desea
- Haga que sus amigos lo apoyen en su ruta hacia el éxito
- Prepárese mentalmente para enfrentar algunos retrocesos
- Desarrolle una estrategia para cuando su poder de voluntad se agote y necesite ser recargado

EL EJEMPLO

Uno de los grandes inventores de la historia fue Thomas Alva Edison. Cuando pensamos en la autodisciplina y en apegarse a una tarea siempre pensamos en Thomas Alva Edison. Existen muchas historias sobre Edison fracasando miles de veces al intentar desarrollar la bombilla eléctrica. Las fuentes dicen que él nunca consideró aquello como fracasos, sino como intentos exitosos de descubrir lo que no funciona. La habilidad de Edison de superar los tropiezos y la búsqueda de la perfección constituyeron partes destacadas de su éxito. Se concentró tanto en lo que quería lograr que su autodisciplina llegó a ser una parte natural de sí mismo y de lo que quería lograr. Él fue uno de los inventores más prolíficos de la historia registrando así 1.093 patentes en los Estados Unidos, entre las que se incluyen el fonógrafo, la cámara de cine, y, por supuesto, la bombilla eléctrica.

LA CLAVE DEL CARISMA

La clave de la autodisciplina consiste en entender cómo los hábitos nos ayudan o nos perjudican. ¿Qué puede hacer usted para desarrollar hábitos saludables y fortalecer su autodisciplina? Escoja el hábito que le impide alcanzar sus objetivos. Pregúntese hacia dónde le está llevando. Luego, considere las consecuencias a largo plazo de ese hábito. Diseñe una estrategia para reemplazarlo junto con lo que hará cuando su autodisciplina se vea debilitada. El día de hoy escoja su hábito inadecuado más grande, encuéntrele una solución y diseñe un plan de acción.

Califique su nivel de autodisciplina
Escriba su puntaje en la página 239.

0	1	2	3	4	5	6	7	8	9	10
Pobre		Débil			Promedio			Fuerte		Perfecto

CAPÍTULO 9

COMPETENCIA:
SI USTED NO LO SABE,
LE HARÁ DAÑO

"Debemos creer en nosotros mismos o de lo contrario nadie creerá en nosotros. Para alcanzar el éxito debemos fortalecer nuestras aspiraciones con competencia, valor y determinación".
—ROSALYN SUSSMAN

Un ingrediente crítico para irradiar carisma y aumentar la habilidad de influir en otros es tener una competencia amplia, conocimiento o experiencia en un área en la cual otros esperan que así sea. Convertirse en modelo para otros es difícil si su público piensa que usted no tiene idea de lo que está hablando o que no tiene las habilidades necesarias o esperadas. Si ellos no han visto (o escuchado) que usted hace lo que usted les pida a ellos que hagan, ellos no estarán dispuestos a dejar que usted lleve la delantera. Se genera rebelión y resentimiento cuando les pedimos a otros hacer cosas que uno mismo no está dispuesto a hacer. Las personas verdaderamente carismáticas modelan la forma correcta de hacer lo que quieren que otros hagan. Usted deberá fijar la norma, dar el ejemplo y demostrar competencia, antes de convertirse en alguien que influya en los demás.

La competencia se compone del conocimiento y de la pericia en el área de interés. La competencia se deriva del aprendizaje logrado a través de la vida y de la experiencia. Cuando la gente nos observa, de forma inconsciente nos asigna cierto nivel de competencia. ¿Puede usted realmente hacer lo que otros esperan de usted? ¿Puede usted cumplir lo que promete? ¿Piensa su público que usted tiene las habilidades, el talento, el conocimiento y los recursos? Ellos lo sabrán tarde o temprano. Conviértase en un experto en su campo y continúe siéndolo. Una forma de mantener su competencia en forma es mediante continuar aprendiendo. La competencia también implica aprender de los errores y utilizar la experiencia como una herramienta futura. Hágase el mejor en su campo. Deje evidente que usted está por encima de la pericia.

Usted ha escuchado la siguiente frase y sabe que es cierta: "El conocimiento es poder". Su conocimiento se basa en su habilidad en cierto campo, sistema o situación. El tener mayor conocimiento o habilidad en comparación con su audiencia, aumenta su carisma. Por ejemplo, los abogados, los mecánicos, y los farmaceutas poseen conocimiento de poder. Nosotros confiamos en la opinión de estos profesionales, creemos en lo que dicen, y confiamos en ellos por el conocimiento y la experiencia que tienen en su área. La competencia se incrementa cuando usted sabe algo que su audiencia necesita saber —hechos, información, datos y hasta servicios. Todas estas cosas son ampliamente valoradas. ¿Se le percibe a usted como alguien que tiene el tipo de información y contactos correctos? ¿Qué tipos de contactos tiene usted?

Algo maravilloso que se debe tener es pasión. Sin embargo si no trasmitimos la percepción de competencia, no podremos irradiar carisma ni influir en otros. La verdadera competencia se manifiesta cuando uno combina su habilidad, sus capacidades y sus destrezas.

Cultivar la competencia incrementa la experticia, el carisma, e infunde respeto en los demás.

EL PUNTO CIEGO

Aun si usted en algún momento estuvo en la cima del juego, y aun si usted tiene talento e inteligencia, no necesariamente se le percibe como persona competente. ¿Cómo se le percibe a usted? Piense en ello. ¿Está usted seguro de la respuesta? Debería saber sobre su tema más que el 99% de la población. Sin importar cuánto crea que sabe sobre su tema de interés, deberá tener un programa de entrenamiento constante y de mejora continua. Deberá mantenerse consciente de los cambios o mejoras en su industria, de modo que siempre tenga a la mano información de vanguardia. Usted perderá competencia e influencia cuando su audiencia detecte que tiene más conocimiento que usted. Con el tiempo, todo tipo de competencia se desgasta y se vuelve obsoleta. El día de hoy, ¿qué ha aprendido?

LA APLICACIÓN

Usted requiere incrementar su competencia y la percepción de otros sobre su competencia de diversas maneras:

- Haga que alguien dé crédito o explique sus cualificaciones
- Asegúrese de que su oficina y entorno externo irradien competencia
- Mantenga su reputación sin tacha
- Haga que otros lo refieran
- La acreditación, los diplomas y los títulos, aportan una competencia inicial
- Tenga siempre una opinión definitiva sobre su área de experiencia

EL EJEMPLO

Fred Smith, fundador y presidente de FedEx, es un gran ejemplo de competencia. Él condujo a FedEx desde sus inicios a una compañía que tiene una renta anual de más de USD $37 millones de dólares, con una nómina de más de 140.000 empleados. Smith es un convencido del aprendizaje y la capacitación constante. Él recomienda que se debe hacer el esfuerzo de pasar tiempo en aprendizaje y crecimiento constantes. Del mismo modo, él también piensa que todo el mundo debería estudiar y aprender las muchas lecciones que la Historia puede enseñarnos. Como aprendiz continuo, Smith creó una compañía de varios billones de dólares en una industria naciente mediante crear una red a través de una matriz central. Y al demostrar verdadera competencia, estableció la demanda de un nuevo servicio que en la actualidad todo el mundo debería tener.

LA CLAVE DEL CARISMA

La clave para desarrollar competencia es la paciencia. Nada funciona de forma perfecta la primera vez que lo intentamos. A veces la competencia toma tiempo en desarrollarse. La realidad es que todos somos incompetentes en todo a menos que nos convirtamos en competentes. Manténgase concentrado y continúe aprendiendo hasta que sienta que está en capacidad de demostrar competencia en su campo. Esté consciente de que los retrocesos hacen parte del éxito a largo plazo. Recuerde los ejemplos históricos de Abe Lincoln, Thomas Edison, y Winston Churchill. Sus fracasos tempranos los condujeron más adelante a lograr el éxito. Otra clave consiste en estar informado y documentado en temas por fuera de su área de experticia. Esto es útil para establecer conexiones y construir la afinidad, así como relaciones futuras.

Califique su nivel de competencia
Escriba su puntaje en la página 239.

0	1	2	3	4	5	6	7	8	9	10

Pobre	Débil	Promedio	Fuerte	Perfecto

CAPÍTULO 10

INTUICIÓN:
SIGA SU INSTINTO

"Con frecuencia tienes que depender de la intuición".

—**BILL GATES**

No importa si usted lo llama un presentimiento, algo instintivo o sólo una sensación, la intuición es real y se utiliza para incrementar su habilidad para influir en otros y transmitir carisma. La intuición nos ayuda a leer y a entender a las personas en un instante. La intuición es una combinación de sentimientos, sabiduría y experiencia. Las personas que pueden reconocer la diferencia entre los pensamientos aleatorios y la intuición, tienen mayor éxito en la vida y en los negocios. Los presidentes de las grandes corporaciones, por ejemplo, tienen acceso a toda la investigación necesaria para tomar decisiones calculadas. Sin embargo, los que son exitosos admiten que en últimas deben seguir a su corazón y utilizar la intuición personal.

Cuando prestamos atención a nuestros instintos, tenemos la habilidad de leer a las personas a partir de sus expresiones faciales,

gestos y tono de voz. Esto proviene de nuestra programación tempra-
na como seres humanos de conocer a otros y de inmediato decidir
si son amigos o enemigos. Los que tenían la habilidad de seguir a
sus instintos de forma correcta podían percibir el peligro o hacer
un nuevo amigo. En la actualidad, cuando conocemos a alguien,
usualmente lo categorizamos en 30 segundos. Decidimos si esa
persona nos gusta o no; esa decisión proviene de nuestra intuición.

Por supuesto, la investigación es importante. Se debe dedicar
tiempo a analizar la información, pero uno no puede mantenerse el
resto de la vida recopilando información. En algún momento usted
deberá tomar una decisión, y deberá dejar que su intuición lo guíe.
Esto requiere de un poco de fe y de práctica. Aprenda a diversificarse.
No se limite a los hechos o a las opiniones de las otras personas.
Siga a su corazón y conéctese con el poder infinito de la intuición.

Algunos de nosotros evitamos hablar de la intuición porque es
difícil de explicar. Permítame asegurarle que las personas exitosas la
utilizan todos los días. Ellos no hablan de la intuición muy a menudo,
pero la utilizan porque reconocen que es más valiosa de lo que solemos creer. Ellos la utilizan para aumentar su creatividad, carisma, y
habilidad para conectarse con otros. Las personas extremadamente
analíticas tienden a desestimar la intuición y a considerarla un mito,
no obstante, es una habilidad que usted puede aprender a dominar.
El no entender cómo funciona algo no significa que no funcione.

La intuición aumenta nuestra habilidad de conectarnos con
nuestras experiencias y conocimientos previos, y con nuestros recuerdos almacenados. Tal vez no tengamos presente qué recuerdos
o experiencias estemos evocando, pero algo que ya hemos aprendido en el pasado puede aflorar como un sentimiento instintivo. El
principal obstáculo que nos bloquea de seguir nuestra intuición es
llegar a convencernos a nosotros mismos que funciona y que debería ser tomada en serio. Esta se manifiesta como un impulso, un
deseo o una voz interna. En todo momento recibimos información

mediante nuestra intuición. Sólo necesitamos escuchar su voz. ¿De qué manera le habla la intuición a usted? ¿Qué escucha usted? Comience a escuchar, y se ahorrará mucho tiempo, energía y dinero.

Nuestros instintos pueden evaluar nuestras experiencias previas, percibir las emociones del momento, y confiar en el conocimiento adquirido en el pasado. A medida que usted desarrolle el uso de su intuición, surgirán ideas nuevas e inspiradoras. Usted sabrá resolver problemas de forma mucho más rápida. Aprenderá a enfocarse y concentrarse; este enfoque fortalecerá y magnificará su recién descubierta fortaleza e intuición. La mente lógica intentará luchar contra estos nuevos pensamientos e ideas, pero con el tiempo, su intuición ganará.

Los pensamientos también disminuyen nuestra habilidad para escuchar a nuestra intuición. Parte del control de la intuición depende de la habilidad de controlar nuestros pensamientos. Las personas altamente influyentes y carismáticas han logrado dominar la habilidad de controlar y dirigir sus pensamientos. Tienen la agilidad de concentrarse más en los pensamientos positivos que en los negativos. Descubrir nuestra voz interna y nuestra intuición nos da el valor, la confianza y la sabiduría para hacer o enfrentar cualquier cosa.

Considere de forma realista su vida en el presente. ¿Está usted donde debería estar? Donde usted está es la suma total de sus pensamientos durante el trascurso de su vida. Nuestros pensamientos programan nuestra mente subconsciente, lo que a su vez determina el uso de la intuición. El control de los pensamientos puede ocurrir en un instante, o puede tomar algunos días, semanas, e incluso, más tiempo. Sin embargo, su mente subconsciente continuará trabajando en la solución. Las personas carismáticas continúan trabajando en este entrenamiento mental todos los días, mientras que la mayoría de las personas ignoran ese gran potencial —piensan que ya lo han escuchado antes.

EL PUNTO CIEGO

Todos hemos escuchado sobre el poder de la intuición. Existe una correlación directa entre la habilidad de tomar decisiones correctas y rápidas y el éxito. El punto ciego consiste en que nos preguntamos las cosas una segunda vez y hasta ni siquiera intentamos escuchar a nuestros instintos. El primer desafío consiste en que quizás hemos intentado escuchar a nuestros instintos pocas veces, y probablemente no funcionó; de modo que nos hicimos un poco tímidos. Tal vez porque alguna vez no funcionó pensamos que no volverá a funcionar. El segundo desafío consiste en que la intuición suena como artificial. Nos preguntamos a nosotros mismos: "¿Puede ser esto tan fácil?" O tal vez pensamos que funciona para otras personas, pero no para nosotros. Créanme, la intuición funciona y es parte esencial del fundamento del carisma.

LA APLICACIÓN

Hay cuatro pasos que nos ayudan a sintonizarnos con nuestra voz interna y nuestros instintos:

1. *Dedique tiempo a estar solo con sus pensamientos:* despeje su mente y aprenda a concentrarse en el momento de modo que el ruido externo y el diálogo interno no ahoguen su voz interior.

2. *Vigile su actitud:* la actitud se deriva de nuestras expectativas. Aprenda a esperar con la confianza de que su intuición le conducirá y le guiará a tomar decisiones correctas.

3. *Escuche y actúe:* cuando experimente ese sentimiento interno, instinto o impulso, actúe. Tal vez no lo entienda, pero siga esa voz y aprenda a reconocer la forma en que esta se comunica con usted.

4. *Practique y mejore:* aprender a dominar la intuición toma tiempo, energía, y práctica. Inicie con cosas pequeñas y fortalezca el uso de su intuición.

EL EJEMPLO

Walt Disney tuvo la intuición y el deseo de construir Disneylandia. Tuvo la sensación de que un parque de diversiones exclusivo que se basara en las creaciones de su compañía encantaría a niños y adultos. A lo largo del camino hubo miles de razones para abandonar el proyecto y cientos de personas que le instaron a darse por vencido, pero él siguió su instinto y escuchó su voz interna, no la voz crítica de otros. Disneylandia se convirtió en un éxito atronador y ello condujo a que se crearan otros parques de diversiones como Disney World. Luego, Disney tuvo otra inspiración, la que le llevó a construir EPCOT (sigla en inglés que significa Prototipo experimental de la comunidad del mañana), un parque temático dedicado a cultura internacional y a la innovación tecnológica. Todo el mundo le dijo a Disney que no debería construirlo, citándole infinidad de razones por las cuales la construcción del centro no era buena idea (lo mismo que había ocurrido con Disneylandia). Pero Disney tenía un sueño, y sentía que aquello era lo que debía hacer, y tuvo el valor y la fuerza de voluntad para ir tras sus sueños. Disney pudo haber tomado el camino fácil y haber cedido ante sus críticos, pero su intuición le permitió continuar adelante —hasta que logró hacer realidad su sueño.

LA CLAVE DEL CARISMA

La forma más fácil de dominar la intuición es escoger un tiempo durante el día (la mañana es usualmente el mejor momento) para pensar en los desafíos más grandes que enfrenta. Aprenda a escuchar a sus pensamientos, siga su instinto y resuelva el desafío. A medida que tenga más experiencia y aprenda a escuchar su intuición y a confiar en sus instintos, el proceso se hará más fácil y ocurrirá de forma más natural. Mantenga la mente abierta y practique estas habilidades. Descubra los procesos y las técnicas que mejor le funcionan. Aprenda de las respuestas sencillas de las cuales suele recibir retroalimentación inmediata para comprobar que todo va bien. Tenga un registro de sus resultados. El día de hoy sintonícese con su habilidad de escuchar su intuición.

Califique su nivel de intuición

Escriba su puntaje en la página 239.

0	1	2	3	4	5	6	7	8	9	10
Pobre		Débil			Promedio			Fuerte		Perfecto

CAPÍTULO 11

PROPÓSITO:
CONÉCTESE CON UN DINAMISMO INFINITO

"Cuando usted descubra su misión, sentirá su llamado. Le llenará de entusiasmo y de un deseo intenso de llevarla a cabo".
—W. CLEMENT STONE

Muchas personas confunden el concepto de emoción con el concepto de propósito. Las emociones cambian constantemente. Cuando usted tiene un verdadero propósito, no sólo atrae a más personas y se hace más influyente, sino que ese propósito los guía. El propósito hace que exudemos carisma. Cuando uno mismo no tiene un sentido de dirección, resulta muy difícil saber guiar e influir en otros. Todos tenemos la grandeza en nuestro interior, así como la habilidad de diseñar nuestra vida. Yo creo que cada uno de nosotros tiene en su interior libros que no se han escrito, negocios que no han sido comenzados, ideas brillantes, inventos maravillosos, ideales humanitarios y grandes causas para apoyar. Sin embargo, la mayoría no logran identificar con facilidad ese propósito. ¿Cuál es su propósito? ¿Cuál es su destino? ¿Dónde subyacen sus intereses, dones y talentos? ¿Cuál es su misión en la vida?

Muchos consideran que las afirmaciones diarias refuerzan su propósito en el universo y hacen que sus sueños se hagan realidad. Los libros populares sugieren que si usted cree en algo y lo desea lo suficiente, el universo le recompensará. Yo creo que las afirmaciones y la atracción hacen parte de la fórmula del éxito, y que uno debe conectarse a su propio propósito, no obstante, considero que la fórmula debe incluir algo más. Las afirmaciones pueden ayudarle a uno a largo plazo, pero estas deben estar acompañadas de un plan de acción y de conocimiento y de habilidades concretas.

Cuando uno se conecta a ese propósito, la vida se hace más fácil y más divertida. Despierta cada mañana con expectativas y no experimenta temor. Cuando usted cree ese propósito, asegúrese de encontrar algo grande y que no solamente lo estimule, sino también algo que lo haga expandirse. No se sienta desanimado si ese propósito no se manifiesta de inmediato. Usted podrá presentar excusas y racionalizar cada día sobre la razón por la cual no está persiguiendo su pasión, pero no será feliz ni alcanzará el éxito que es capaz de alcanzar hasta que encuentre y siga su verdadero propósito. Usted deberá decidir que quiere desarrollar ese propósito, lo que implica participar de sus victorias así como tener su porción de magulladuras y derrotas. Usted está a cargo de su vida. La forma como usted viva es una decisión suya únicamente.

Una palabra de advertencia: cuando usted vaya en busca de su propósito, algunas personas intentarán desanimarle, ridiculizarán sus sueños y menospreciarán sus ideas. Le dirán que es impráctico, improbable, o irresponsable. Cuando uno les revela a otros su propósito y lo que quiere alcanzar en la vida, muchos tienden a desestimularlo. Pero lo que ellos piensen o digan no importa. Cada persona influyente, de éxito y carisma tiene incontables historias sobre gente que les dijeron que sus ideas no funcionarían. Sin embargo, conectarse con su propósito desatará dentro de sí una poderosa fuente de energía e imaginación. Usted experimentará un caudal de productividad superior a lo que haya experimentado antes.

EL PUNTO CIEGO

La sociedad alimenta un gran punto ciego cuando intentamos entender nuestro verdadero propósito y potencial. La mayoría de las personas nunca han encontrado o descubierto su verdadero propósito. En la vida hacemos una de dos cosas: o estamos trabajando por nuestras propias metas o estamos trabajando por las metas de otros. Con frecuencia tendemos a tomar prestados los sueños de manos de otras personas y de la sociedad. La verdadera influencia y carisma se dan cuando usted ha encontrado su propósito y su pasión y cuando otros pueden percibir ese fuego en sus ojos. Cuando usted adquiere carisma, otros se sentirán atraídos y asimilarán su propósito. Ahora es el tiempo para conectarse con su propósito.

LA APLICACIÓN

¿Sabe usted cuál es su propósito? ¿Sabe exactamente qué tipo de grandeza subyace en su interior? ¿Desea sentir una mejor precisión sobre la dirección en la que desea dirigir su vida? Dedique pensamiento y atención continua a estas preguntas, es posible que obtenga la respuesta de inmediato o que le tome días, semanas o hasta meses. Conteste las siguientes preguntas:

- Si usted supiera que va a tener éxito y que no puede fallar, ¿qué es aquello que haría si tuviera el éxito garantizado? ¿Qué intentaría hacer? ¿En qué se convertiría?
- Si usted pudiera de forma mágica e instantánea cambiar una cosa en el mundo, ¿qué sería aquello que cambiaría?
- Imagine que fuera independiente en sentido financiero y que no tuviera que pensar en trabajar y pagar facturas, ¿qué haría con su tiempo? ¿A qué dedicaría sus días?

EL EJEMPLO

El ejemplo de conectarse y magnificar su propio propósito está personificado en el doctor Martin Luther King Jr. Su vida y su misión cambiaron la vida de millones de personas. Una vez estuvo comprometido con su misión, supo a dónde se dirigía y lo que estaba destinado a hacer, sin importar las consecuencias. El 3 de abril de 1968, King pronunció su famoso discurso: "Yo he estado en la cima de la montaña", en Memphis, Tennessee. Antes de comenzar su disertación, recibió una amenaza contra su vida. En su discurso dijo: "Tenemos frente a nosotros algunos días difíciles. Pero eso no me importa. Porque yo he estado en la cima de la montaña. No me importa. Y como cualquier persona, me gustaría tener una vida larga. La longevidad tiene su lugar. Pero en este momento eso no me preocupa. Sólo quiero hacer la voluntad de Dios. Y él me ha permitido subir a la cima de la montaña. Y desde allí he podido observar. He visto la tierra prometida. Tal vez yo no llegue allá. Pero quiero que sepan esta noche, que nosotros, como pueblo llegaremos a la tierra prometida. Y estoy feliz esta noche. No me preocupa nada. No le temo al hombre. Estos ojos míos han visto la gloria y la venida del Señor". Este discurso histórico reveló el destino de King. Él había encontrado su propósito y se había conectado con este. Su profecía se hizo realidad cuando fue asesinado al día siguiente de haber pronunciado su discurso fuera del cuarto del hotel donde se hospedaba.

LA CLAVE DEL CARISMA

Cuando usted se conecte y sintonice con su propósito en la vida, posiblemente va a enfrentar algunas turbulencias. A veces el universo lo pondrá a prueba para saber si su propósito corresponde a un deseo ardiente o a una esperanza pasajera. La clave consiste en considerar cada obstáculo o desafío como si fuera un paso más cerca a la realización de su propósito. ¿Le hacen esos desafíos una mejor persona o lo contrario? Yo creo que cada desafío y cada obstáculo que enfrentamos en la vida se convierten en una experiencia de aprendizaje que utilizamos para llevar nuestra medida de éxito al siguiente nivel. Cuando esos momentos decisivos llegan, provocan un inmenso dolor mental o hacen que uno se conecte con su propósito. El día de hoy, cuando enfrente un desafío, afróntelo con optimismo y pregúntese: "¿Qué necesito aprender de todo esto?".

Califique su propósito

Escriba su puntaje en la página 239.

0	1	2	3	4	5	6	7	8	9	10
Pobre		Débil			Promedio			Fuerte		Perfecto

CAPÍTULO 12

INTEGRIDAD:
EL CARÁCTER CUENTA

"Del arsenal de herramientas de la persuasión, la más importante es la integridad".

—ZIG ZIGLAR

La palabra *integridad* proviene de la palabra latina *integritas*. Significa pureza, rectitud, juicio sano e inocencia. También se define como consistencia entre sus valores y acciones y entre lo que se cree y lo que se hace. Si usted desea influir en otros y aumentar su carisma, deberá irradiar integridad. La gente debe saber y sentir que usted cree lo que dice y que hará lo que dice que hará. Todos queremos estar cerca de personas que son conocidas como honestas, sinceras y auténticas. Lo primero que debemos hacer para conectarnos con nuestra propia integridad es conocernos a nosotros mismos, conocer nuestros valores y saber exactamente qué es aquello que defendemos.

¿Qué es lo que usted verdaderamente cree y qué es aquello que está dispuesto a defender? ¿Tiene usted una fuerte convicción personal que gobierna todas las decisiones que toma? Cuando usted irradia integridad la gente sabe sus valores y creencias. En ocasiones nos enfrentamos a un conflicto entre nuestras creencias y nuestros deseos. Nuestra integridad dicta cuál de estos es el correcto y por lo tanto, cuál tendrá éxito. La integridad pura nos ayuda a establecer las reglas antes que las cosas se pongan tensas o emocionales. Determina quién es usted y cómo responderá a una situación dada antes que le suceda.

El momento de influencia se deslustra cuando nadie sabe lo que usted defiende o lo que cree. Esto crea conflicto, indecisión y resistencia. Crear una percepción de integridad no es algo que ocurra de la noche a la mañana; tampoco es algo que sea fácilmente reconocido en un instante por aquellos a quienes usted intenta influenciar. Es más bien, una combinación de su historia, su honestidad, su imparcialidad y su juicio sano. El desafío que representa la integridad es que toma tiempo construirla y segundos perderla.

Tener una gran integridad hace parte del carácter, el cual se compone de cualidades como la honestidad, la sinceridad y la predictibilidad. Yo considero que el carácter y la integridad sólidos constituyen el mismísimo fundamento de la habilidad de una persona para lograr el éxito. Ningún tipo de éxito va a ser notorio ni duradero si se fundamenta en éticas, motivos o comportamientos no éticos. Aún a pesar de que usted sea una persona honesta y de gran carácter, es natural que la gente haga juicios apresurados y formule opiniones sin contar con todos los hechos a su disposición. De modo que si usted desea tener confianza genuina e integridad duradera, evite siquiera dar la apariencia de cualquier cosa que pueda ser considerada engañosa o falta de ética.

¿No resulta peculiar que muchas empresas incluyen en su declaración de misión la palabra *integridad*, y sin embargo, ocurre que muchas de esas compañías demuestran carencia de ella? Lo que usualmente las lleva a deslustrarse no es la acción de las fuerzas del mercado externo, sino la falta de integridad en su interior. Un ejemplo histórico es la Gran Muralla China. La gente quería sentirse segura, tener tranquilidad, así que construyeron un muro tan grande y tan impresionante de tal forma que nadie lograra escalarlo. Era un muro impenetrable y nadie podía echarlo abajo. Esta gran muralla tenía unas 4.000 millas de largo y alcanzaba los 25 pies de altura, con un ancho que variaba entre 15 y 30 pies. Pero durante sus primeros 100 años de existencia, la gran muralla no pudo mantener alejados a los enemigos de China. ¿Qué sucedió? Todo se debió a la falta de integridad de la gente al interior del muro. Los vigilantes aceptaban la entrada de los enemigos a través de sobornos y estos podían atravesar la fortaleza sin ninguna resistencia.

EL PUNTO CIEGO

Crear la percepción de integridad tiende a ser un desafío para muchos porque no logran determinar cómo están siendo percibidos por otros. Sienten que tienen suficiente integridad, que lo están haciendo bien, y que los demás deben cultivar la integridad, pero a la vez usan atajos aquí y allá. Cuando actuamos de ese modo se erosiona el fundamento de la integridad. Para ser carismáticos debemos conectarnos con ese sistema de guía interno que nos lleva a tener el desempeño correcto en todo tipo de situaciones. Es una brújula que guía los pensamientos y los sentimientos basándose en la integridad. Cuando uno tiene un buen fundamento de integridad, sabe lo que cree y está dispuesto a defender sus creencias y valores, se le hace más fácil tomar decisiones y escoger el rumbo tras el cual ir.

LA APLICACIÓN

¿Cuáles son sus valores? ¿En qué cree usted verdaderamente? Al conectarse con sus propios valores usted incrementará su pasión, su integridad y su habilidad de influir en otros. Usted no podrá influir en otros ni inspirarles si no sabe cuáles son sus valores, y por lo tanto, no estará en capacidad de compartirlos con otros. Aquí hay algunas sugerencias para ayudarle a conectarse y a descubrir sus valores, y a vivir en conformidad con estos:

- Escriba su definición de un valor
- Dedique tiempo a pensar y reflexionar en sus propias creencias
- Tome a algunas personas como ejemplo y defina sus valores
- Destaque ejemplos en la historia de personas que usted admire, y determine si los valores de ellos se van a convertir en sus valores
- Viva de acuerdo a todo lo que usted dice que es y que va a hacer
- Diga siempre la verdad aunque resulte doloroso

EL EJEMPLO

Un gran ejemplo de integridad es Mitt Romney. A él se le atribuye el salvar los olímpicos de invierno en 2002. En primer lugar, él transformó lo que había sido una crisis fiscal en crecimiento en un éxito financiero. Quizás lo más importante, restituyó la reputación afectada de la organización de los Juegos Olímpicos de los Estados Unidos. El comité olímpico anterior había sido salpicado con quejas de soborno y falta a la ética, la cual había empezado a corroer la credibilidad en los Juegos Olímpicos. Los americanos estaban furiosos; muchos dijeron que ni siquiera verían los juegos de invierno por televisión. Entonces Mitt Romney fue llamado para evitar la hecatombe. Su integridad y honestidad le dieron un giro a los juegos. Él demostró ser un hombre abierto, directo y fiel a sus valores. Él no intentó ocultar o disimular lo que ocurría. Como resultado el pueblo americano sintió que estaban siendo honestos con ellos y percibieron la integridad de Mitt. Así, él pudo restablecer la confianza en los juegos y en el Comité Olímpico.

LA CLAVE DEL CARISMA

El día de hoy (y todos los días) haga lo que dice que va a hacer. La integridad no es algo que necesite ser publicitada ni anunciada. Cuando los así llamados religiosos tienen que decir lo religiosos que son, todos sabemos que debemos tener cuidado. Si usted promete algo, cúmplalo, aunque ello le parezca insignificante a usted. Tal vez sea pequeño a sus ojos, pero significativo para los demás. Asuma sus propios errores. Usted no tiene que ser perfecto, pero debe tener el carácter y la integridad para intentarlo. La gente apreciará su honestidad respecto a sus errores y debilidades —ellos las percibirán aunque usted no las mencione. El día de hoy admita un error del pasado (o del presente) y observe cómo se incrementa el respeto hacia usted y cómo su sentido de integridad crece.

Califique su integridad
Escriba su puntaje en la página 239.

0	1	2	3	4	5	6	7	8	9	10

Pobre	Débil	Promedio	Fuerte	Perfecto

CAPÍTULO 13

CORAJE:
PÓNGASE DE PIE Y PARTICIPE

"Para ganar la carrera, debes arriesgarte a perderla".
—LANCE ARMSTRONG

La raíz latina de la palabra *coraje* significa corazón, valentía, voluntad y espíritu. Cuando uno encuentra el propósito de su vida debe tener el coraje de seguir tras él. Parte del coraje consiste en seguir al corazón, sabiendo que se está en el camino correcto, aunque a veces uno se salga del camino y se estrelle con un árbol. En general usted sabe que se va en la dirección correcta sin importar las adversidades. Me encanta lo que Aristóteles dijo sobre el coraje: "El coraje es la primera virtud humana porque hace posible todas las demás virtudes". La mayoría de veces pensamos en el coraje cuando hay amenazas o la posibilidad de recibir daño físico. Sin duda, enfrentar una amenaza a nivel individual implica coraje, pero el coraje es un atributo diario, necesario para influir en otros. La gente necesita saber que usted tiene el coraje y el valor para hacer las cosas que dice que va a hacer aun en los casos en que todo se ponga difícil. El coraje hace parte del carisma.

hacia delante a pesar de haber sido heridos o derrotados. Usted
deberá darse cuenta que cada vez que enfrente una derrota o una
adversidad está más cerca de la victoria. Los fracasos temporales
no tienen por qué ser permanentes.

LA APLICACIÓN

¿Cómo se desarrolla el coraje? ¿Cómo se aprende a seguir el
corazón? ¿Cómo hacer lo que se supone que se debe hacer, aunque
no sintamos el deseo de hacerlo y cuando el temor haga presa de
nosotros? Aquí hay algunas recomendaciones:

- Recuerde las veces en las que usted ha demostrado coraje
  y ha hecho lo correcto
- Piense en sus fortalezas y logros anteriores
- Aprenda a tomar riesgos pequeños y pregúntese: "¿Qué es
  lo peor que podría ocurrir?"
- Dedique tiempo a visualizar sus objetivos. Cuando logre
  verse a sí mismo lográndolo, le será más fácil ejecutarlo
- Observe cómo otras personas demuestran valor y enfrentan
  los temas más difíciles
- Decida cuándo es tiempo de pedir ayuda
- Después de cada fracaso o adversidad, pregúntese: "¿Qué
  hice bien y qué pude hacer mejor?"

EL EJEMPLO

Existen varios ejemplos desafortunados de no tener el coraje
suficiente para declararse a favor de lo que es correcto. Un incontable
número de personas no ha tenido el valor de luchar por sus sueños,
o se han dado por vencidos demasiado pronto. Piense en todos a los
que usted conoce y que han tenido sueños, aspiraciones y metas, y
cuya pasión se ha extinguido con el tiempo.

Orville y Wilbur Wright tuvieron el valor de soñar, el coraje
de ir tras sus sueños, y las agallas de enfrentar el ridículo público.
Aún después de un experimento de aviación fallido (el cual muchos

presenciaron), Orville escribió: "Yo no sé si es posible hacer que algo más pesado que el aire vuele. Pero he escogido dedicar mi vida a hacer que eso sea posible". Lo demás es historia. Los hermanos Wright tuvieron el valor de hacer lo que sintieron que debían y querían hacer; y así, cambiaron el mundo del trasporte para siempre, simplemente porque tuvieron el valor de seguir su corazón.

LA CLAVE DEL CARISMA

Hablar acerca del coraje y querer desarrollarlo es grandioso, pero, ¿qué se necesita para establecer y mantener un nivel constante de coraje? ¿Qué se debe hacer con todos esos temores rondando por nuestra psiquis? ¿Qué aprensiones hacen que nos retengamos de actuar? El temor y la falta de valor no generan carisma. No se quede inmóvil ante los errores del pasado. Ahora usted está en mejores condiciones por el conocimiento y la experiencia que ha obtenido a causa de estos. ¿Cómo desaprender el temor que se ha mantenido por años, y cómo deshacerse de una experiencia del pasado que nos retiene como rehenes? Usted tendrá que enfrentar esos temores. Esa es la respuesta. Usted deberá ponerse deliberadamente en la situación en la que tenga que confrontar el temor y no haya forma de evadirlo. El coraje se deriva del hecho de que, cuando usted enfrenta su temor, descubre que en realidad no es tan malo. Recuerde, la mayoría de nuestros temores son dudas exageradas o se basan en percepciones no realistas.

El día de hoy deseo que escoja un temor que le esté afectando y que lo enfrente. Enfrente ese temor y líbrese de sus ataduras, así desarrollará verdadero coraje.

Califique su coraje

Escriba su puntaje en la página 239.

0	1	2	3	4	5	6	7	8	9	10

Pobre	Débil	Promedio	Fuerte	Perfecto

CAPÍTULO 14

CREATIVIDAD:
CONÉCTESE CON SU IMAGINACIÓN

"La imaginación es más importante que el conocimiento"
—ALBERT EINSTEIN

Nadie puede llegar demasiado lejos en la vida si no logra conectarse con su propia creatividad interna. La mayoría de las personas subestiman, tanto su propio potencial de creatividad como el de quienes los rodean. Como persona carismática, usted deberá saber cómo juntar fuerzas creativas de forma colectiva para resolver desafíos. ¿Qué es la creatividad? Es ser recursivo e imaginativo. Es la habilidad de generar ideas nuevas y resolver problemas de todo tipo. Cuando usted se conecta con su creatividad, va a encontrar nuevas y prácticas maneras para mejorar los sistemas existentes. Cuando usted se conecta con la creatividad de las personas que lo rodean, genera un interés renovado en sus metas y crea mayor expectativa por el futuro.

Ser creativo implica tomar las ideas, nuevas y antiguas, junto con imaginación y hacer con todo ello una combinación que permita resolver problemas. Consiste en tomar los pensamientos y las ideas que no parezcan tener relación entre sí y formular una solución creativa. Todo el mundo tiene acceso a la misma información, con todo, la creatividad florece cuando la gente visualiza, organiza o combina la información de nuevas maneras. Algo que hace que la gente no pueda resolver los problemas es que se concentran en todos los aspectos negativos de lo que intentan resolver. Se preocupan demasiado por todo aquello que puede resultar mal, que no enfocan la atención en la solución o en lo que puede salir bien. La creatividad es una actividad del hemisferio derecho de la cabeza. Si usted puede soñar, puede imaginar, si usted puede tener esperanza, puede también ser creativo.

Cuando usted se conecta con su creatividad o permite que quienes le rodean se sientan libres de dejarla salir, entonces tiene las puertas abiertas para obtener soluciones creativas. Usted se hace más carismático. Usted y la gente a su alrededor encontrarán de forma colectiva las respuestas acertadas, respuestas que con frecuencia un sólo individuo no sabe encontrar. La gente que tiende a ser más creativa es más exitosa, más abierta al cambio, y ve la oportunidad aun en las peores adversidades. Ellos pueden concebir nuevas posibilidades, sentirse más en control, y dedicar más tiempo a los resultados en vez de a los problemas. Las personas creativas están a nuestro alrededor. Su trabajo como persona carismática es hacerse usted mismo una persona creativa y empoderar a otros para ser creativos y sentirse seguros con su creatividad.

Conectarse con su creatividad no significa que de repente todo va a ser trabajo excelente y que entonces se van a resolver todos los problemas del mundo. La creatividad es más como la chispa que enciende el fuego. Los ingredientes que se necesitan para mantener la creatividad son aceptar la posibilidad de equivocarse, el deseo de experimentar, y tener el valor de fallar. Parte de ser creativo es nunca estar satisfecho con el *estatus quo*; es la disposición de preguntarse "¿por qué?" en el momento justo. Usted deberá crear una atmósfera de creatividad. Nunca considere ninguna idea como de poca importancia y siempre demuestre entusiasmo por las nuevas ideas y la disposición de otros para pensar de formas innovadoras.

Muchos se resisten a ser creativos porque no quieren causar perturbaciones. Se cuestionan sus ideas: "¿Qué hay si esto no funciona?". Todos queremos tener garantías para que nuestros planes funcionen. Queremos ver los resultados o saber lo que otros piensan antes de siquiera hacer un comentario o de dar una sugerencia. Pero para ganar el juego, tenemos que pagar el precio y enfrentar las consecuencias. Cuando usted es creativo y asume el riesgo, le es posible superar los obstáculos del camino. Pero si no está dispuesto a sobreponerse a ellos, nunca podrá llegar a su destino. Quienes alcanzan grandes logros saben que el cambio creativo es la clave de su éxito y de su habilidad para influir en otros, así como para crear carisma a largo plazo.

EL PUNTO CIEGO

El engaño de la autopercepción viene en la forma de pensamientos paralizantes como "yo no soy creativo", o "la creatividad no es algo que se aprenda". La realidad es que la creatividad es como cualquiera de las habilidades o atributos de los cuales se habla en este libro; cada una de estos se aprende y se domina. No importa si en el pasado usted ha intentado ser creativo. Inténtelo de nuevo y con más empeño esta vez. La creatividad abrirá su mente, usted se sentirá menos limitado y podrá ver más soluciones. No intente compararse con personas altamente creativas, la creatividad no nace en una región mágica del cerebro que algunos superdotados tengan y otros no. Es una habilidad que puede aprenderse. Aprenda a confiar en que su mente producirá soluciones creativas.

LA APLICACIÓN

Aquí hay seis pasos que usted puede tener en cuenta para empezar a desarrollar su creatividad de inmediato:

1. *Siempre intente encontrar al menos cinco soluciones a cada desafío:* hacer esto le llevará a ser creativo y a entender que no siempre hay una sola solución a cada desafío.

2. *Utilice la sinergia de grupo para encontrar soluciones:* se debe utilizar el recurso del pensamiento, la experiencia, y la educación de otras personas.

3. *Nunca menosprecie cualesquier pensamiento o idea:* es cierto, algunas sugerencias pudieran ser menos que ideales, pero en conjunto, pueden construir el cambio, y ajustar o refinar cualquier idea para superar el desafío.

4. *Tenga confianza en su mente subconsciente:* muchas de las respuestas provienen de allí. Dedique tiempo a estar solo con sus pensamientos y confíe en que las respuestas saldrán a flote.

5. *Practique contar historias, metáforas o analogías:* escoja cualquier tema al azar y piense en distintas maneras de compartir el tema utilizando técnicas de enseñanza como historias, metáforas, o analogías. Esto hace que el músculo de la creatividad se fortalezca.

6. *Sea paciente con la solución que esté buscando:* puede tomar más tiempo del esperado, pero la solución adecuada siempre recompensará la espera.

EL EJEMPLO

Un gran ejemplo de creatividad es Henry Ford. Siempre estuvo en función de cambiar los procedimientos con ideas que no eran de la aceptación general. Tenía una imaginación muy aguda (a veces hasta extraña) y se decía de él que soñaba despierto. Fue un inventor extraordinario, registró 161 patentes en los Estados Unidos. Cambió el concepto de una fábrica cuando inventó la línea de ensamblaje para producir automóviles. Logró fabricar automóviles a una velocidad récord, lo que representó menores precios y mayor rentabilidad. Retribuía bien a sus trabajadores, les permitió comprar automóviles y generar una lealtad increíble. Su creatividad cambió a la nación para siempre, cambió la industria y cambió la forma de producir los bienes de consumo.

LA CLAVE DEL CARISMA

La creatividad implica la habilidad de generar nuevas ideas. Para dominar la creatividad, usted deberá tener acceso a nueva información. Lea libros con información de vanguardia, escuche grabaciones de audio educativas, vea Discovery Channel, escoja un tema del extranjero para examinarlo y aprender, y haga cosas similares. Ensánchese y aprenda sobre diferentes temas e industrias. Las revistas son un gran recurso para estimular la creatividad. Rodéese de niños. Ellos son creativos por naturaleza y le contagiarán de esa cualidad. Su mente se hará más fértil y más imaginativa, y usted estará en condiciones de generar nuevas ideas creativas. El día de hoy deseo que haga una lluvia de ideas y piense en 10 ideas creativas para solucionar su desafío más grande.

Califique su creatividad
Escriba su puntaje en la página 239.

0	1	2	3	4	5	6	7	8	9	10
Pobre		Débil			Promedio			Fuerte		Perfecto

CAPÍTULO 15

ENFOQUE:
LA ACTIVIDAD NO ES
LO MISMO QUE EL LOGRO

"No es suficiente con estar ocupado; las hormigas permanecen ocupadas".

—HENRY DAVID THOREAU

Un gran indicador del éxito es la habilidad de controlar los impulsos, resistir la distracción y mantenerse enfocado en la tarea que se ha de realizar. La mayoría de las personas desperdician la mayor parte del día porque no logran enfocarse y concentrarse. Si usted no logra mantenerse enfocado en la tarea a realizar, encontrará muy difícil influir en otros. Si usted tiene una mente dispersa, será percibido como desorganizado y sus mensajes parecerán descoordinados. La gente exitosa no comienza su día si no lo ha registrado primero en el papel, lo cual implica lo que harán, que lo quieren lograr y el establecimiento de sus prioridades. Los libros que hablan sobre alcanzar el éxito siempre mencionan sobre la preparación y sobre fijarse metas. Estas actividades nos ayudan a estar más organizados, a lograr más y a crear la habilidad de mantenernos enfocados y concentrados.

Todos contamos con la misma cantidad de tiempo. Sin embargo, ¿por qué hay personas que logran mucho más en la misma cantidad de tiempo? Existen dos razones para ello: en primer lugar, mantienen el enfoque y la concentración; y en segundo lugar, establecen metas. Usted consigue enfocarse mejor cuando tiene muy claro en su mente y de forma puntual lo que quiere lograr. Saber exactamente lo que se necesita, hace que el administrar el tiempo y la toma de decisiones sean mucho más fáciles. Si nos concentramos en tareas poco importantes, estas ocuparán la mayor parte de nuestro día, y estaremos ocupados, pero no podremos lograr llevar a cabo las cosas más importantes que han de ejecutarse durante ese día. Si usted necesita ayuda en este campo, hágase las siguientes cuatro preguntas:

1. ¿Cuál es la mejor forma de utilizar mi tiempo en este momento?
2. ¿Estoy dedicando tiempo a cosas de poca importancia?
3. ¿Confundo estar ocupado con tener logros?
4. ¿Tengo claro en mi mente lo que quiero lograr?

Cuando pensamos en las personas que son exitosas en los diferentes ámbitos de la vida, nos damos cuenta que ellas saben mantenerse enfocadas y concentradas. La habilidad de desconectar el ruido exterior y de concentrarse en lo que se necesita, cuando se necesita, no solamente es una gran técnica de manejo de tiempo, sino también un ingrediente crítico para lograr el éxito. El desafío está en que dedicamos demasiada energía evitando las cosas que no queremos, que terminamos no haciendo nada al final. Por ejemplo, digamos que necesita ir al odontólogo, pero no tiene el deseo de ir, piensa en ello y lo posterga. La visita al odontólogo siempre está en último lugar en su mente. El invertir nuestra energía mental en evitar la situación consume nuestra energía física y mental. Cuando intentamos no pensar en ello, en realidad nos estamos enfocando más en ello, lo que crea una espiral en decadencia.

Cuando concentramos nuestra atención en aquello que no queremos que suceda o en los obstáculos potenciales, invertimos nuestra energía en eso negativo, en vez de en lo que necesita hacerse. Cuando uno logra enfocarse en todo lo que debe, logra el éxito de una forma más rápida. Así desarrolla verdadero carisma, lo que hace más fácil influir en otros. Olvídese de sus errores pasados y aprenda a concentrarse en su potencial futuro. Cierto, ello exige una cantidad de energía y desgaste mental, pero hacerlo está relacionado con una habilidad de la vida que resulta determinante para alcanzar el éxito.

Todos queremos olvidar nuestras faltas del pasado. No obstante, es tiempo que las asumamos con propiedad, aprendamos de ellas y nos preparemos para enfrentar el futuro. Cuando logramos vernos a nosotros mismos de forma honesta y reajustamos nuestros patrones mentales, entonces, y solamente entonces, podemos aprender a concentrarnos verdaderamente. Todos tendemos a apartar nuestra atención de los temas y asuntos que nos hacen sentir incómodos. Pero cuando nos quedamos en un estado de negación, no logramos hacer que existan cambios. Cuando reconocemos y enfrentamos los problemas del pasado, logramos hallar la paz en el futuro. Y entre mayor sea la paz que experimentemos, más fácil será enfocarse y concentrarse.

EL PUNTO CIEGO

Estar ocupado durante todo el día no significa que estemos logrando nada importante. Es posible que usted haya pasado muchos días ocupado —en constante movimiento— pero, cuando ha mirado en retrospectiva se ha dado cuenta que no ha logrado nada. Los dos puntos ciegos están en no reconocer dos factores claves:

- *Tener actividad no significa tener logros:* desperdiciamos tiempo intentando terminar una tarea de 30 minutos en tres horas. Aparentamos estar ocupados y nos sentimos ocupados, pero nos falta verdadero enfoque.

🗲 *No nos concentramos en la tarea que corresponde:* cuando la concentración es baja, resultamos pensando en el lugar de trabajo sobre las cosas que ocurren en casa, y cuando estamos en casa resultamos pensando en las cosas que ocurren en el trabajo. Asegúrese de estar mentalmente en el sitio donde se encuentre físicamente.

LA APLICACIÓN

La gente carismática tiene la habilidad de enfocarse rápidamente en el momento. Tal como los deportistas lo hacen, usted deberá enfocarse y concentrarse en su área específica antes, durante y después de la competencia. Tenga en cuenta lo siguiente:

🗲 Visualice la victoria o el resultado antes que suceda

🗲 Mantenga la autodisciplina constante, aún cuando esta implique sacrificio

🗲 Después de un fracaso vuelva a retomar el enfoque y aprenda de los errores

🗲 Reemplace de forma instantánea los pensamientos negativos con pensamientos positivos

🗲 Desarrolle la habilidad de cambiar rápidamente su configuración mental

🗲 Aprenda a concentrarse frente a fuertes distractores

EL EJEMPLO

El enfoque de Michael Jordan le permitió maximizar sus talentos, habilidades y fortalezas. Él es uno de los mejores jugadores de todos los tiempos, si no el mejor. Ganó el campeonato de la NBA seis veces y fue elegido el mejor jugador de la temporada en cinco oportunidades. Sin embargo, él nunca se conformaba con el nivel cada vez alcanzado y jamás dejó de practicar los principios fundamentales. Se le conoció como uno de los jugadores más consagrados, sin importar los logros que hubiera alcanzado. Su grandeza nació de su habilidad para enfocarse y concentrarse. Nunca permitía que una adversidad le hiciera retroceder, podía retomar su concentración en un instante. A pesar de sus numerosos logros, perdió más de 300 juegos. Lo interesante es que en 26 de esos juegos, su equipo confiaba en que haría el lanzamiento ganador, pero falló. Sin embargo, siempre estaba dispuesto a volver a intentarlo una vez más. Durante su carrera, perdió más lanzamientos decisivos que los que logró hacer. La parte crítica de mantener el enfoque es recuperarse luego de un fracaso y aún así lograr el éxito la siguiente vez.

LA CLAVE DEL CARISMA

La clave está en comenzar a enfocarse y concentrarse un poco mejor en cada oportunidad. El día de hoy le invito a hacer dos cosas:

En primer lugar, intente concentrarse y permanezca en su tarea durante cinco minutos. ¿Qué cosas pueden distraerle? ¿Qué necesita hacer para evitar las distracciones?

En segundo lugar, determine a qué hora del día llega a ser más productivo: ¿en la mañana, en la tarde o en la noche? En ese horario usted deberá hacer la parte más difícil del trabajo. Aparte ese horario en el que sea más fácil concentrarse para hacer las cosas. Cuando usted logre efectivamente controlar su habilidad de enfocarse, no sólo le será más fácil influir en otros, sino que podrá hacer diez veces más en la mitad del tiempo.

Califique su nivel de enfoque y concentración
Escriba su puntaje en la página 239.

0	1	2	3	4	5	6	7	8	9	10

Pobre	Débil	Promedio	Fuerte	Perfecto

RECURSOS ADICIONALES[10]
(LAWSOFCHARISMA.COM)

- Artículos de apoyo
- Sección de audio "Permiso para ganar: Programación mental para obtener resultados"
- Hoja de trabajo

---

10   Nota del editor: Estos recursos están en Inglés.

SECCIÓN TRES

PRESENTACIÓN Y COMUNICACIÓN:
HABLAR CON CONVICCIÓN

FÁBULA: LA HORMIGA Y EL SALTAMONTES

Ocurrió un cálido agosto hacia el final de un largo verano. Un saltamontes iba contento cantando y saltando por la pradera. Sentía que no había nada que le preocupara, simplemente estaba disfrutando el momento. Entonces una hormiga pasó junto al saltamontes, llevando un gran trozo de nuez, e intentando ir al paso con sus compañeras. La hormiga se preguntaba si podía pedir ayuda a su amigo el saltamontes. Pero antes de siquiera poder preguntar, el saltamontes sugirió: "¿Por qué no vienes a jugar conmigo? Estás trabajando demasiado duro este hermoso día de verano".

La hormiga contestó: "Estoy recogiendo alimento para el invierno. Sería mejor si comenzaras a pensar en lo que vas a comer durante el invierno".

"El invierno está muy lejos", contestó el saltamontes, "y siempre hay tiempo para cosas como esas. Además, mira a tu alrededor. Hay suficiente alimento por todas partes".

La hormiga se fue decepcionada por la respuesta de su amigo, pero continuó trabajando. Cuando llegó el invierno, el saltamontes se dio cuenta que no había más alimento fuera y que no tenía nada almacenado para el invierno. "Debí haber escuchado a mi amiga la hormiga", pensó. "Ahora voy a pasar hambre".

MORALEJA

La comunicación va en dos vías. El saltamontes no escuchó el consejo y no almacenó alimento para los largos meses del invierno. Cuando se necesita saber algo, con frecuencia es demasiado tarde para aprenderlo. Las habilidades críticas de la vida, deben ser aprendidas antes que se las necesite. Quienes pasan esto por alto, asumiendo que todo va a ser fácil, enfrentarán un frío y oscuro invierno.

Por otra parte, las habilidades comunicativas de la hormiga también demostraron flaqueza. Es cierto que la hormiga estaba bien alimentada con los granos y las nueces que había almacenado durante el verano. Pero no fue capaz de convencer a su amigo para que recogiera alimento suficiente para sobrevivir al invierno, aunque ello fuera para el propio bien de él. Cuando usted necesita influir en alguien, con frecuencia es demasiado tarde para que eso ocurra.

PRESENTACIÓN Y COMUNICACIÓN: CARACTERÍSTICAS Y DESTREZAS

- Habilidades en la presentación
- Habilidades personales
- Dominio de la historia
- Contacto visual
- Saber escuchar
- Afinidad

CAPÍTULO 16

HABILIDADES COMUNICATIVAS:
ENSEÑE, INSPIRE Y ENTRETENGA

"Piense dos veces antes de hablar. Sus palabras y su influencia plantan la semilla del éxito o del fracaso en la mente de otros".
—NAPOLEÓN HILL

Yo sé que usted lo ha visto en una asamblea, en una conferencia, en una reunión de la oficina, o hasta en la televisión. Hay personas que pueden hipnotizar a otros con su forma de hablar y con sus habilidades comunicativas. Desde el momento en que inician su presentación, hasta el minuto en que terminan, usted se siente cautivado, atraído y sintonizado por el mensaje. Por otra parte, es probable que también se haya sentido aburrido y distraído, con deseos de activar la alarma contra incendios durante una reunión o una presentación. Ese tipo de situaciones se alargan y se alargan, producen sueño y nos dejan sin energías.

La gente carismática tiene excelentes habilidades comunicativas que encantan, inspiran y cautivan a su audiencia. Logran articular su mensaje y hacer que cobre vida, sin importar que se trate de interacciones cara a cara, de presentaciones en grupo, de negociaciones y hasta de mensajes de texto y correos electrónicos. Le hacen sentir como si estuviera viendo una película y hacen que la mente cree imágenes mentales tan fuertes como si fueran reales. Este tipo de presentaciones suelen estar llenas de energía, entusiasmo y emotividad. ¿Cómo describe usted sus destrezas comunicativas?

¿Ha notado usted el cambio dramático que ha ocurrido en las presentaciones en los últimos 20 años? Anteriormente el enfoque solía concentrarse en el aspecto educativo. Muchas personas en la actualidad todavía están intentando educar, lo que hace que inevitablemente pierdan a su público. Las investigaciones más recientes, sin embargo, demuestran que el objetivo presente de las presentaciones consiste en captar y retener la atención de la audiencia. Sabemos que el período de atención cada vez se hace más y más corto. Así que ya no sólo necesitamos concentrarnos en enseñar, sino también en entretener e influir. Debemos estar en capacidad de retener la atención de nuestra audiencia y de ser carismáticos.

La gente carismática tiene la capacidad de captar y retener la atención de su audiencia. No se necesita que uno baile o sea un comediante. Lo que se requiere es que uno se asegure de que su audiencia sigue el mensaje, que le preste atención y lo entienda. En el momento en que uno pierde la atención de su audiencia, en ese momento deja de influir en ellos y deja de transmitir carisma.

Es posible que usted tenga un gran producto, o una gran causa, que se vista impecablemente, que tenga un gran catálogo, y hasta credenciales inmejorables. Sin embargo, la realidad es que la herramienta número uno de la persuasión es usted mismo, y un gran componente del éxito y de su carisma consiste en su habilidad de comunicarse. Anteriormente, la gente escuchaba, y lo que se intentaba era hacer que escucharan, era posible esperar que el tema compensara cualquier debilidad que tuviera el presentador. En la actualidad, uno tiene que introducirse en la mente de su audiencia y hacer eso lo más pronto posible. Sólo es cuestión de segundos para que la mente de las personas empiece a divagar y hayamos perdido su atención.

El tiempo clave para cualquier presentación son 30 segundos. Ese es el tiempo crucial para que la gente decida si va a escuchar o si va a cabecear. Cuando se hace una introducción débil del tema, se pierde la atención de la audiencia de inmediato. Aprenda sobre introducciones de los grandes presentadores en su campo, pero asegúrese de que su presentación se adapte a su propio estilo y energía. Esté preparado para manejar a quienes hacen preguntas y a quienes quieren simplemente sabotear. Aprenda a conectarse a nivel personal y emocional. Asegúrese de que cada miembro en la audiencia sienta que le está hablando de forma directa y personal. En vez de depender de una presentación Power Point o de un bosquejo preparado, practique su presentación hasta que sea parte natural de usted. Controle su temor, su ansiedad y sus nervios de modo que pueda irradiar carisma durante la presentación.

EL PUNTO CIEGO

Hablar en público o crear una presentación Power Point no significa que uno sabe cómo comunicarse, inspirar y hacer presentaciones. La mayoría de las personas piensa que tienen habilidades comunicativas superiores al promedio. Ese es el punto ciego. La realidad es que son afortunados de tener destrezas comunicativas promedio y habilidades para hacer presentaciones por debajo del promedio. Es cierto, es posible que uno pueda hacer una presentación sin que nadie se retire de la sala o diga algo negativo. ¿Pero transmitió carisma? ¿Disfrutaron los presentes el momento? ¿Van a hacer los presentes lo que uno quiere que hagan? ¿Estuvo el auditorio presente sólo por educación a pesar de que estaban aburridos sin esperanza? ¿Se logró impactar el punto de vista de los presentes? ¿Recibieron algún tipo de influencia para que obraran de algún modo en particular? La gente carismática domina sus destrezas comunicativas y de presentación, trabajan de forma constante en ellas. Siempre hay algo para sintonizar, para aprender, y para mejorar.

LA APLICACIÓN

¿Sabe usted cómo le percibe su audiencia? ¿Puede mejorar usted en algún área en particular? ¿Es posible que esté repeliendo o alejando a su audiencia de algún modo? Observe esta lista de chequeo y determine si está cometiendo alguno de estos errores en la comunicación:

- Hablar en un tono monótono
- Evitar el contacto visual
- Moverse de forma nerviosa o exhibir algún tipo de ademán
- Uso de muletillas ("ahh", "uhh", "ehh")
- Falta de emotividad o de convicción
- Sonar de forma mecánica o ensayada
- Hacer una presentación apresurada
- Sobrecargar a la audiencia con demasiada información
- Demostrar temor o nerviosismo

EL EJEMPLO

Sin importar cuál sea nuestra convicción política, Ronald Reagan siempre será considerado como el gran comunicador. Él irradiaba pasión y convicción, y siempre defendía alguna causa. Podía construir sueños a los cuales la gente les apostaba. Hablaba del futuro de tal forma que su audiencia se sentía motivada. Sus mensajes eran siempre sencillos y al grano. Durante sus presentaciones lograba conectarse con la mayor parte de su audiencia. En sus discursos se percibían sus emociones y su entusiasmo. Reagan tenía la habilidad de hablar a una sola persona en una muchedumbre de 10.000 y hacer que todo el mundo se sintiera conectado. Cuando hablaba, parecía que le estuviera hablando de forma personal a cada uno en su audiencia.

LA CLAVE DEL CARISMA

¿Ha sufrido usted alguna vez de lalofobia —temor a hablar en público? A pesar que este problema es muy común, existe esperanza porque la mayoría de nuestros temores no son innatos sino adquiridos. Esto es una buena noticia porque si se aprende el temor, también se puede desaprender. Es normal que experimentemos algún tipo de nerviosismo antes de hacer una presentación. Asegúrese de encontrar la forma de atemperar los nervios. Las dos mejores formas de hacer eso es visualizar la presentación y estar bien preparado. Usted se pudiera sentir tentado a decirle a su audiencia que se siente nervioso o que no está bien preparado (disculparse por adelantado), pero esa estrategia por lo general tiene consecuencias negativas. La gente del auditorio no sabe cómo se siente usted ni tampoco cuánto se ha preparado. ¿Por qué decirles en qué concentrarse? El día de hoy, descubra qué es aquello que lo hace sentir nervioso al hablar en público y trabaje en ello. Además, piense en lo siguiente: ¿qué es lo peor que pudiera pasarle (de forma realista) durante su presentación?

Califique su habilidad para hacer presentaciones
Escriba su puntaje en la página 239.

0	1	2	3	4	5	6	7	8	9	10

Pobre	Débil	Promedio	Fuerte	Perfecto

CAPÍTULO 17

HABILIDADES HUMANAS:
¿LE AGRADA USTED A LAS PERSONAS?

"El ingrediente más importante en la fórmula del éxito consiste en saber llevarse bien con la gente".

—THEODORE ROOSEVELT

La habilidad de conectarnos con la mayoría de la gente es un asunto crítico del carisma. En muchas ocasiones los intentos de sintonizarse con las personas y de establecer afinidad se percibe como exagerado, insincero y hasta forzado. La idea de la vieja escuela de buscar un pretexto para ir a la oficina de alguien y hablar de algo es contraproducente por dos razones. En primer lugar, esa técnica ha sido sobreutilizada en extremo. Y en segundo lugar, quien lo hace es percibido con sospecha. La clave está en leer a las personas cuando las conocemos. Averigüe la forma como les gusta que las traten. Puede ser que, (a) no les gusta el trato personal, (b) usted necesite ajustarse a un enfoque personalizado.

La habilidad de conectarse con otros es una de las más importantes que tienen las personas carismáticas. Los estudios muestran de forma consistente que las habilidades humanas siempre hacen parte de las destrezas más importantes que se necesitan para triunfar en la vida y en los negocios. Para la nueva generación, la habilidad de interactuar —de sintonizarse en el plano humano— se está perdiendo rápidamente. La revolución de las tecnologías hace que se tienda a pensar que la habilidad de relacionarse con otros no es un asunto tan importante. Sorprendentemente, dada esta abrumadora tendencia tecnológica, los seres humanos necesitamos de mayor interacción personal que nunca antes, y ni siquiera nos damos cuenta de ello. La gente todavía desea conocerse y desarrollar afinidad antes de poder abrir las puertas a la influencia y a la persuasión. El carisma se desarrolla cuando la gente se conoce y establece afinidad.

Los seres humanos tendemos a conectarnos con quienes demuestran intereses parecidos a los nuestros. Observe cualquier reunión social y verá que quienes tienen gustos similares terminan juntándose. Nuestra audiencia se conectará con nosotros si percibe que puede relacionarse de alguna manera con nosotros o si existe algo en común. El carisma se aumenta cuando se establecen actitudes, creencias o intereses similares. A todos nos gusta asociarnos con aquellos por quienes sentimos afinidad o un vínculo en común. Usted deberá estar en capacidad de buscar algo en lo cual concordar o los puntos en común en el mayor número de áreas posible para establecer afinidad con toda la gente que conozca.

Las primeras impresiones son cruciales porque son las que causan mayor impacto en el carisma. Estas se construyen en los primeros segundos de una interacción inicial de modo que no hay mucho tiempo para no demostrar buenas cualidades humanas. Sólo toma unos segundos para producir impresiones que duren a largo plazo. Dale Carnegie, uno de los grandes en términos de comprensión de la naturaleza humana, dijo: "Cuando usted se interesa en la gente, hace que ellos desarrollen mayor interés en usted de forma más rápida que si usted intenta hacer que otros se interesen en usted". Interesarse por otros implica actuar con consideración, cortesía, e interés genuino en los demás. También implica dejar de concentrarse demasiado en sí mismo y en este mundo ocupado para permitirse ayudar a otros. Así usted conquistará los corazones y la lealtad de los demás mediante la compasión. Usted hará honor a la amistad concentrándose en cosas positivas. No sea severo en las áreas en las que las otras personas sean sensibles o vulnerables.

EL PUNTO CIEGO

¿Hay alguien que se acerca a usted de forma fastidiosa? ¿Conoce a una persona a la cual usted no le agrada pero que finge que le agrada? ¿Existe algún familiar que piensa que es agradable pero en realidad no lo es? Bien, ese podría ser usted. ¿Qué estoy diciendo? Otros podrían estar fingiendo que usted les agrada porque la cortesía exige eso. ¿Puede usted llevárselas bien con personalidades distintas? ¿Está usted seguro de eso? Cuando se trata de habilidades, nunca estamos completamente desarrollados. De las habilidades críticas de la vida, esta es una de las más "sobreestimadas"; es decir, muchos dicen que tienen buenas cualidades humanas, pero la realidad es que no es así.

LA APLICACIÓN

A medida que usted desarrolle y refine sus habilidades asegúrese que se le percibe como a alguien genuino. La gente intentará demostrar que usted les agrada aunque no sea así. Comprenda que, si sus intentos de influir en otros no están funcionando, la razón es porque probablemente usted no les agrada a ellos. ¿Cómo lograr que nuestras habilidades sean percibidas como genuinas?

- Demuestre respeto a todos
- Esté consciente de cada uno de los que se encuentren a su alrededor
- Reconozca que todas las personas que usted conoce le pueden ayudar de alguna manera
- Demuestre interés en la gente y en lo que hacen
- En todo momento esté dispuesto a ayudar a otros

EL EJEMPLO

La madre Teresa nació en 1910 y tuvo un gran impacto en el mundo debido a que amó y cuidó a la gente. Ella nació en Albania y fue ordenada como monja de la Iglesia Católica. Fundó la orden de las Misioneras de la caridad en Calcuta, India, en 1950, y ministró a los pobres y necesitados durante 45 años. La madre Teresa ganó el Premio Nobel de la Paz en 1979, y al momento de su muerte, tenía 610 misiones en 123 países. Ella demostró increíbles habilidades humanas para dirigir a unas 4.500 monjas alrededor del mundo y ganar su respeto. Trataba a todas las personas de la misma manera —como si se tratara del ser más importante sobre la Tierra.

LA CLAVE DEL CARISMA

El punto clave para trabajar el día de hoy es llegar a reconocer que usted hace parte de un gran equipo. Ya ha escuchado que entre más personas ayude y sirva, más personas estarán dispuestas a ayudarle y a servirle. El éxito no es un proyecto individual. En este equipo y en la ruta del carisma, hay poco espacio para la autopromoción. Dé el crédito cuando sea debido. Comparta el reconocimiento cada vez que pueda. Reconozca que el ego humano es muy frágil y que un ego herido es difícil de influenciar. Aprenda a elogiar y a apreciar a otros por lo que hacen. Nunca asuma que la remuneración apropiada por el trabajo es suficiente. Dé gracias sinceras tan frecuentemente como le sea posible. Asegúrese de demostrar respeto mutuo, y dé a cada uno el crédito por sus logros.

Califique sus habilidades humanas
Escriba su puntaje en la página 239.

0	1	2	3	4	5	6	7	8	9	10

Pobre   Débil   Promedio   Fuerte   Perfecto

CAPÍTULO 18

INFLUENCIA:
AYUDE A OTROS
A PERSUADIRSE A SÍ MISMOS

"Cuando usted necesita persuadir e influir en su audiencia —es demasiado tarde para aprender".

—KURT W. MORTENSEN

El carisma y la influencia van de la mano. En otras palabras, el carisma consiste en hacer que otros hagan lo que uno quiere que hagan y que les guste hacerlo. Cuando se habla de influencia la gente se muestra indispuesta, pero tal como ocurre con el poder, la influencia es un asunto neutral. Algunos piensan que es posible aprender, otros opinan que puede utilizarse de forma incorrecta, y otros tratan de minimizarla. La influencia nos permite lograr que la gente acepte nuestras ideas, convocar a las personas, e implementar cambios. Aquí no estamos hablando de vender habilidades sino de implementar cambios de forma sostenible, y con efectos duraderos a largo plazo. Existe una correlación directa entre la habilidad de influir en la gente, el carisma y los ingresos.

La mayoría de las personas tienen percepciones equivocadas sobre los conceptos de la persuasión y la influencia. La influencia, por ejemplo, suele ser subestimada y subutilizada. En toda ocasión estamos persuadiendo e influyendo en otras personas; en el lugar de trabajo, en el ámbito familiar y social, y aun con los desconocidos que nos encontramos todos los días. La verdadera influencia no es agresiva, tortuosa o manipuladora. Resulta beneficiosa para las partes implicadas. La confianza y el poder nacen de la habilidad para influir y ayudar a otros a tomar decisiones acertadas o para apoyar una causa de valor.

No se equivoque: es posible aprender a influir en otros. Las personas altamente influyentes no nacieron siendo influyentes, aprendieron a serlo. Y usted puede y debe aprender a dominar el arte de la influencia. Para desarrollar carisma se necesita entender las teorías de la persuasión, la motivación y la influencia. Todo lo que usted desea conseguir y alcanzar en la vida proviene de la habilidad de entender a las personas e influir en su mente. Usted debe aprender a obtener influencia instantánea sobre otros e inspirarles a emprender la acción. Usted no puede ser carismático si no logra influir en la forma de pensar de los demás. Todas las personas necesitan desarrollar la habilidad de influir en otros, sin importar el tipo de ocupación que tengan. Todos los días y en todo momento, todos utilizamos técnicas y tácticas para influir en quienes nos rodean. A menos que sepamos influir en otros seres humanos, no podremos llegar a ningún lugar en la vida. Es sólo a través de nuestros tratos con los demás que podemos alcanzar el éxito. Nadie es autosuficiente.

La mayor parte de la influencia ocurre a través de detonadores subconscientes (vea la Sección 5). Todo lo que usted hace, todo lo que dice, y la forma como hace sentir a los demás, afecta la forma como le tratan. Usted pudiera repeler a otros sin siquiera saberlo. Cuando la gente siente un indicio de presión, decepción, promoción desmedida o deseo de vender algo en sus intentos por influir en ellos, usted pierde de inmediato el carisma.

La mayoría de las personas nunca han aprendido el arte sutil de la ciencia de la influencia. Muchos piensan que la tienen, pero utilizan las técnicas transparentes de la vieja escuela, las cuales con el tiempo, se vuelven en su contra. Las audiencias son difíciles. La gente ha desarrollado mucha resistencia al viejo estilo de persuadir e influenciar; muchos, de hecho, ya han construido un muro de ladrillos aún antes que usted los haya conocido. ¿Qué puede hacer ante esta tendencia? Sus intentos de influencia deben ser naturales y no representar ningún tipo de amenaza. Olvídese de las tácticas ruidosas y vistosas —estas sólo producen más resistencia. Y definitivamente abandone la táctica de la presión fuerte. No solamente hace que se solidifique la resistencia, sino que cierra las puertas a la influencia. Cuando la gente siente que la están presionando u obligando a hacer algo que no quieren o necesitan, reaccionan de forma fuerte y sentida.

EL PUNTO CIEGO

El punto ciego consiste en que muchas personas ejercen influencia de la forma equivocada. Tienden a influir en otros de la forma como les gusta que otros influyan en ellos y eso es un error. Usted necesitará adaptar su enfoque a cada persona y a cada situación. A medida que domine el carisma, deberá influir en otros de la forma como ellos lo deseen. Sólo por el hecho de obtener algunos resultados a corto plazo no significa que usted ha logrado influir en los demás. La gente carismática no busca obtener resultados únicamente a corto plazo; su deseo es ejercer influencia a largo plazo. Los resultados a corto plazo son fáciles de alcanzar, pero solamente se obtienen cuando uno está presente, esto en contraste con los resultados a largo plazo, los cuales siempre se obtienen sin importar donde usted esté.

LA APLICACIÓN

Cuando la gente intenta persuadir e influenciar, tiende a utilizar técnicas de la vieja escuela que ya no funcionan. Asegúrese de desarraigar de sus técnicas de persuasión e influencia lo siguiente:

- Volverse extremadamente amigable demasiado pronto
- La descarga de datos —demasiada información
- Usar la presión o la coerción
- Tácticas de cierre demasiado utilizadas
- Ganar la discusión a cambio de perder la capacidad de influencia
- Cambiar el comportamiento para intentar influir en otros

EL EJEMPLO

Winston Churchill es considerado uno de los oradores más influyentes de la historia moderna. Se le conoció como un líder valeroso e inspirador en el Reino Unido y condujo al pueblo británico durante muchos desafíos durante la Segunda Guerra Mundial. Cuando hablaba cautivaba a su audiencia. Luego de escuchar sus dinámicas presentaciones muchos decían que salían iluminados. Era persuasivo, tenía una imaginación increíble y lograba inspirar a sus tropas. Su habilidad para utilizar la voz fue uno de los elementos que utilizaba para influir en otros y transmitir su punto de vista. Iniciaba con un ritmo lento, se conectaba con su audiencia, y luego incrementaba la velocidad para aumentar la energía en el auditorio. Su habilidad para influir en otros acrecentó su carisma.

LA CLAVE DEL CARISMA

El poder de influir en otros nos faculta y nos empodera para leer a la gente de forma instantánea, para hacer que otros emprendan la acción de inmediato, y para triunfar sobre nuestros oponentes. La primera clave para acrecentar la influencia consiste en ayudar a otros a persuadirse a sí mismos. El día de hoy dedique algún tiempo a ser más consciente de su habilidad para influir en la gente. Concéntrese en hacer más preguntas, en leer el lenguaje corporal, y en descubrir las verdaderas necesidades. Hágase más consciente de las maneras en las que puede ayudar a otros a persuadirse a sí mismos. Cuando lo haga, usted estará en condiciones de ayudarles a influir en sí mismos. El día de hoy tome la prueba de persuasión IQ (www.persuasioniq.com) y vea dónde están sus fortalezas y debilidades.

Califique su habilidad para influir en otros
Escriba su puntaje en la página 239.

0	1	2	3	4	5	6	7	8	9	10

Pobre	Débil	Promedio	Fuerte	Perfecto

CAPÍTULO 19

NARRATIVA:
CREE LA IMAGEN

"La narrativa es la conversión creativa de la vida en una experiencia más poderosa, clara y significativa. Las historias son el dinero en efectivo del contacto humano".

—**ROBERT MCKEE**

Las historias son herramientas poderosas para desarrollar carisma. Las historias captan el interés de la audiencia y ayudan a entender y a apreciar su mensaje. Cuando escuchamos una historia bien contada, nos sintonizamos de inmediato y deseamos saber lo que va a ocurrir a continuación. Todos podemos pensar en alguna experiencia en la que estuvimos en un lugar y no le prestamos atención al orador. Estábamos distraídos en nuestro propio mundo, y de repente, empezamos a escuchar porque el orador empezó a contar una historia. Los hechos y las cifras son mucho más significativos cuando los combinamos con historias relevantes y poderosas.

Cuando usted entiende los componentes esenciales de la narrativa y sabe cómo utilizarlos, está en condiciones de influir en otros y tocar su corazón con los mensajes que desea trasmitir. El primer elemento y quizás el más poderoso de una buena historia es que debe envolver emociones. Cuando usted logra tocar las emociones de las personas, estas se sienten más conectadas con su mensaje. Las historias ayudan a establecer un terreno común, a crear mayor atención, conectividad y receptividad. Contar historias de forma efectiva hace la diferencia entre comunicar y convencer, entre presentar y persuadir, entre sermonear y llegar al corazón.

Una parte importante que determina si su mensaje es influyente o no es si la audiencia puede creer en usted o no. Utilice las historias para construir la afinidad con su audiencia. Cuando usted no tenga la oportunidad de establecer afinidad con cada miembro individual de su público, las historias pueden contestar sus preguntas como quién es usted, lo que representa, y lo que desea de ellos. Así, ellos llegarán a sus propias conclusiones. ¿Por qué asumir el riesgo de que ellos lleguen a sus propias conclusiones? ¿Desea usted que ellos lo vean a usted como divertido, honesto o realista? Identifique lo que sea más apropiado y seleccione sus historias en conformidad con ello. Escuchar su historia puede ser una experiencia tan cercana como si usted estuviera contando la experiencia de primera mano.

Las historias significativas inspiran al auditorio a llegar a la misma conclusión que usted ha llegado. La gente valora más sus propias conclusiones en comparación con las que usted exprese; de modo que si usted puede hacer de su historia la historia de ellos, se hará mucho más influyente. Los seres humanos nos sentimos atraídos por todo aquello que nos da "respuestas". Utilice las historias para ayudar a su audiencia a contestar algunas de sus propias preguntas. Cuando usted logre el éxito al hacer esto, su mensaje crecerá y se desarrollará en las mentes y en los corazones de su audiencia. Es posible que los asistentes no recuerden mucho sobre su presentación, pero una buena historia y su mensaje subyacente, tendrán eco en la mente de sus oyentes una y otra vez.

El implicar de forma positiva las emociones de la audiencia con una historia es una forma constructiva de vencer la resistencia que pudiera enfrentar hacia usted o hacia su mensaje. Las historias tienden a hacer que las personas se tornen menos defensivas, y sientan que uno no las está criticando o exigiendo cosas de ellas. En vez de presentar sin rodeos sus objeciones o sus opiniones divergentes, supere la resistencia presentando su punto de vista de una forma amigable y entretenida. Con frecuencia la gente defiende incondicionalmente sus posiciones no porque lo deseen en realidad, sino simplemente por su necesidad de estar en lo correcto y evitar la vergüenza de estar equivocados. Si usted evita desencadenar ese mecanismo de defensa emocional, le sorprenderá cuánto logra hacer que su audiencia esté dispuesta a considerar sus ideas.

EL PUNTO CIEGO

¿Qué tan difícil puede ser narrar una historia? Es posible que usted escuche historias todo el tiempo. Como la mayoría de las personas, es probable que piense que le va bien en este asunto, pero otros pudieran decir que usted es monótono y aburrido —que sus historias son demasiado largas y complicadas. Las personas carismáticas, sin embargo, saben cómo contar historias vívidas, cautivadoras que inspiran a otros, sin resultar ser obvias. Sus historias cobran vida y crean una atmósfera que ayuda a otros a querer estar influenciados por ellas. Todos los ojos en la sala se enfocan en ellas y prestan atención a su historia; su audiencia nunca pierde el interés. ¿Puede usted realmente contar una historia influyente y atractiva?

LA APLICACIÓN

¿Qué es aquello que necesita hacer para que su historia cobre vida? ¿Qué va a hacer usted para lograr que su audiencia se siente

al borde de la silla y preste atención a cada palabra que usted diga?
¿Cómo puede dominar el arte de la narrativa? Tenga en cuenta
estas sugerencias:

- Mantenga sencilla su historia —no abarque más
  de tres o cuatro puntos
- Manténgase animado y lleno de energía
- Haga que su cuerpo y su voz se envuelvan
  como parte de la historia
- Haga que su audiencia participe tanto de
  forma física como mental
- Siempre ensaye su historia con un tercero
- Hable de forma clara y articule cada palabra
- Apele a las emociones para lograr un impacto
  más duradero

EL EJEMPLO

Cuando pienso en alguien que sepa contar una historia atractiva, pienso en Mark Twain, quien nació en 1853 y se convirtió en un
escritor prolífico. Algunos de sus escritos son *Las aventuras de Tom
Sawyer, El príncipe y el mendigo, Las aventuras de Huckleberry Finn,*
y *Un yanqui en la corte del rey Arturo.* Twain tenía la habilidad de
hacer que una historia cobrara vida no solamente en el papel, sino
también en persona. Su habilidad para escribir y contar historias le
permitieron hacerse amigo de presidentes, lugareños, empresarios
y de la realeza. Era un orador muy solicitado y lograba hacer que su
audiencia no se desprendiera de sus sillas. A Mark Twain siempre
se le recordará por su habilidad de cautivar a su público con sus
historias.

LA CLAVE DEL CARISMA

El día de hoy practique el contar historias con las personas que se encuentre. Puede ser una historia simple como por ejemplo el lugar donde almorzó. Haga que a su audiencia se le haga agua la boca describiéndoles el alimento. Haga que se rían mientras les cuenta sobre cómo paso por una situación embarazosa. Esta es una buena manera de afinar las habilidades narrativas. Intente hacer que su experiencia se convierta en la experiencia de ellos. Aprenda a pintar el lienzo para ellos. A medida que progrese en el arte de contar historias, aprenderá a establecer el marco de circunstancias correcto. Usted puede involucrar la vista, los sonidos, los olores, los sentimientos. Cuanto más haga esto, más interesará a quienes lo escuchan. Su meta es hacer que su audiencia vea la historia con los ojos de la mente, como si se tratara de una película, y que la lleven a casa, y que ocupe un lugar en sus corazones en los años por venir.

Califique su habilidad para narrar historias
Escriba su puntaje en la página 239.

0	1	2	3	4	5	6	7	8	9	10

Pobre	Débil	Promedio	Fuerte	Perfecto

CAPÍTULO 20

CONTACTO VISUAL:
CONVERSAR SIN HABLAR

"Un ojo puede amenazar como un arma cargada y apuntando, o puede insultar; pero en otro estado de ánimo puede hacer que el corazón rebose de alegría mediante irradiar bondad".
—RALPH WALDO EMERSON

A través de los ojos, la audiencia puede percibir la veracidad, la inteligencia y los sentimientos del orador. No tener contacto visual en el momento debido puede tener resultados devastadores. El carisma se acrecienta mediante el contacto visual apropiado. ¿Tiene usted los ojos de una persona agradable? ¿Atraen e hipnotizan sus ojos a otras personas?

La gente carismática tiene la habilidad de atraer a otros mediante el contacto visual y de crear una conexión instantánea. Entre más tiempo usted sostenga la mirada de forma mutua con una persona, más será considerado como alguien que tiene alta autoestima. Sin embargo, es crítico que usted no mire a una persona el 100% del tiempo. Usted debe saber medir cuánto contacto visual alcanza a manejar su interlocutor. Además, mirar a alguien el 100% del tiempo significa una de dos cosas: usted está muy enojado, o se está enamorando de ella.

Aprenda a corresponder al contacto visual. Si alguien no logra mantener contacto visual con usted, entonces usted necesitará disminuir su contacto visual para mantener la conectividad. Como regla general (una regla que puede ajustarse ligeramente para cada persona), mantener contacto visual el 70% del tiempo funciona con la mayoría de la gente. Muchos encuentran difícil mantener el contacto visual cuando no se sienten cómodos con nuestra presencia, cuando tienen baja autoestima o se sienten inseguros respecto de sí mismos o de la situación. Ello se acentúa si de alguna manera se sienten amenazados o si usted es percibido como la figura de autoridad.

A las personas les gusta sentirse especiales y alimentar su ego. Cuando usted les mira a los ojos, tienden a sentir que usted se interesa en ellas y que les está hablando de forma directa. Mediante el contacto visual usted les hace sentir importantes y ellas se convierten en el punto focal durante la conversación. Cuando se rompe el contacto visual con demasiada frecuencia o demasiado rápido, también se pierde la conexión. Cuando esté hablándole a un grupo, esmérese por mirar a cada sección de la sala. Aunque no esté mirando a cada persona en el salón, dará esa impresión. Sus ojos hablan mucho más que sus palabras. Es como lo expresó Ralph Waldo Emerson: "Los ojos de los hombres conversan mucho más que sus lenguas".

Las pupilas de los ojos están entre las partes más sensibles y complicadas de nuestro cuerpo. Cuando alguien está exaltado o interesado se dilatan, y esta dilatación es el resultado de años de evolución. Es una función automática que permite que entre más luz al ojo a fin de captar información adicional. Saber ver a los ojos de la otra persona es tan importante para nuestra comunicación y para establecer la confianza, que usualmente desconfiamos de alguien que utiliza gafas con lente oscuro, pues asumimos que eso implica un intento directo de ocultar los ojos por temor de que revelen el verdadero mensaje.

Juzgamos a los demás no sólo por la duración del contacto visual, sino por los ojos mismos. Los ojos enrojecidos son menos creíbles (y más difíciles de mirar) que los ojos de apariencia normal. Las pupilas más grandes son consideradas como más atractivas. Observe algunas portadas de revistas. Las pupilas de las modelos son retocadas para hacerlas más grandes y llamativas, y esto se debe a que cuando estamos emocionados o felices, nuestras pupilas tienden a dilatarse. Las fotos de las personas con pupilas más grandes suelen clasificarse como más atractivas, aunque esto se hace de forma subconsciente.

EL PUNTO CIEGO

El punto ciego está en preguntarse: "¿Qué tan difícil puede ser esto?". Sin embargo, dominar el arte del contacto visual toma tiempo. Un error común tiene que ver con la duración de nuestra mirada. Un sólo enfoque no lo abarca todo. Una mirada general no se conecta con todos los presentes. Usted deberá variar el contacto visual dependiendo de la persona, su cultura, personalidad, y hasta color de la piel. La mayoría da la gente tiende a mirar a otros de forma desatenta aun cuando no tengan la intención de hacerlo. Si uno hace sentir a alguien de forma incómoda, le va a resultar muy difícil ser influyente y tener carisma. A todos se nos ha dicho que debemos tener contacto visual, pero nunca se nos ha dicho con quién debemos tenerlo, cuándo, por qué, y ni siquiera por cuánto tiempo. Hay quienes se ponen tensos por la duración de un contacto visual.

LA APLICACIÓN

¿Cómo intenta usted mejorar su contacto visual y así aprender a conectarse con otros? Usted puede utilizar el contacto visual para evaluar si ha desarrollado afinidad con alguien. Aquí hay unas recomendaciones que van a ayudarle a mejorar su contacto visual y construir la afinidad:

- Cambie el ojo hacia el cual mira. Si la persona hace lo mismo, usted ha construido la afinidad.
- Cuando haya establecido contacto visual, comience a asentir con el movimiento de los ojos. Si la otra persona hace lo mismo, habrá establecido afinidad.
- Una vez usted haya establecido un buen contacto visual de entre tres a cinco segundos, mire en otra dirección. Si la otra persona hace lo mismo, habrá establecido afinidad.
- Aumente el tiempo de la mirada y vea si la pupila de la otra persona se dilata. Si la persona mira en otra dirección, entonces usted no habrá desarrollado afinidad.
- Cuando usted haya establecido contacto visual y sienta que no está en una situación familiar, no habrá desarrollado afinidad.
- Cuando usted establece contacto visual y sonríe, y la otra persona no sonríe en señal de respuesta, usted no habrá establecido la afinidad.

EL EJEMPLO

Un excelente ejemplo presidencial (prescindiendo de nuestra opinión política) es el presidente Bill Clinton. Él tenía muchos de los ingredientes que componen el carisma, especialmente, contacto visual. Quienes le conocen en persona dicen que él manifiesta un interés genuino e inspirador en la gente. Cuando él le habla a una persona, sus ojos también hablan. Sus ojos tratan a cada quien como a la persona más importante del mundo. Su mirada produce reverencia y tranquilidad al mismo tiempo. Usted percibe el interés que él manifiesta por lo que usted dice. Su encargado de personal Leon Panetta confirma que Bill Clinton puede hacer sentir a cada uno como la única persona que se encuentre en la sala con él.

LA CLAVE DEL CARISMA

Desarrolle su habilidad de establecer un excelente contacto visual. En el papel suena fácil, pero todo tiene que ver con la aplicación. Cuando se sienta ansioso, dominado o nervioso, encontrará que mantener contacto visual se hace más difícil. Respire profundo y preste total atención a lo que está haciendo. Controle sus emociones y retenga en su mente que la otra persona es un ser humano como también lo es usted. Si aún lo encuentra difícil, mire al puente de la nariz de la otra persona. Esto hará que sus nervios se tranquilicen, y logrará que la otra persona no tenga idea de qué es lo que usted está mirando. Usted puede intercambiar entre los ojos de la persona y entre los ojos y la boca. Asegúrese de no estar mirando de una forma despectiva. El día de hoy practique utilizando la duración apropiada del contacto visual. Así se conectará con las personas y construirá la afinidad.

Califique su contacto visual
Escriba su puntaje en la página 239.

0   1   2   3   4   5   6   7   8   9   10

Pobre   Débil   Promedio   Fuerte   Perfecto

CAPÍTULO 21

SABER ESCUCHAR:
¿QUÉ DIJO USTED?

"Construya el hábito de saber escuchar y permita que el cliente domine el hábito de hablar".

—**BRIAN TRACY**

Escuchar y entender aumentan el carisma. Todo lo que usted necesite saber para ayudar, cambiar, o influir en alguien puede ser descubierto mediante saber escuchar. Cuando aprendemos a escuchar estamos en condiciones de inspirar, motivar y obtener la confianza de las personas. La gente se siente más respetada y valorada cuando usted escucha lo que ellos dicen. Saber escuchar permite resolver los problemas de forma más rápida e incrementa la confianza de las otras personas hacia nosotros. Lo mejor de todo es que reduce los malos entendidos en la comunicación, los errores en general y los desacuerdos. Escuchar es algo muy sencillo e implica una pequeña inversión de nuestro tiempo.

Ser un buen escucha no es asentir con la cabeza y fingir interés. Saber escuchar no es mirar a las personas a sus ojos mientras mentalmente se prepara para decir algo a continuación. Usted tendrá que reconocer lo que se está diciendo y deberá dejarle saber a la otra persona que usted está entendiendo. Escuche con sus ojos, y lea el comportamiento no verbal del hablante. Con sus oídos escuche las palabras, perciba la velocidad del habla y el tono de la voz. Escuche con el corazón y trate de determinar lo que la persona en realidad está intentando decir. El saber escuchar tiene que ver con hacer sentir bien a las personas con respecto a sí mismas y con respecto a usted. Este tipo de escucha también tiene que ver con demostrar que usted se interesa.

Saber escuchar nos conecta con las personas y establece la afinidad. A todos nos gusta hablar de nosotros mismos. Cuando usted se convierte en un gran escucha, la gente le estará indicando todo lo que usted necesita saber para influir en ellos. Todos podemos ser mejores escuchas, y los resultados de saber escuchar son increíbles. La mayoría de las quejas sobre el proceso de influencia involucran la sensación de que la otra persona habló demasiado y no escuchó lo que los demás realmente necesitaban. Estamos tan determinados a debatir todas las razones por las cuales deberían tener negocios con nosotros o comprar nuestra idea que nos olvidamos que las personas tienen sus propias necesidades y deseos. Pensamos que estamos ayudando cuando ofrecemos explicaciones largas y detalladas. Pero enfrentémoslo: estamos centrándonos en nosotros mismos, en las cosas que nos interesan a nosotros, y nos estamos autoabsorbiendo. Hablamos mucho porque nos gusta sentirnos importantes, útiles y que tenemos la información.

Dominar el arte de escuchar nos permite hacer que otros se involucren más con nuestro mensaje y les hace sentir que les estamos entendiendo. Saber escuchar aumenta la comprensión y nos da el control total de la conversación. Hace varios años atrás, Dale Carnegie acertó cuando dijo que saber escuchar es una de las habilidades más importantes de las relaciones humanas que todos deberíamos saber dominar. Cuando escuchamos es cuando nos damos cuenta cuáles son las preferencias, los deseos y las necesidades de las personas. Es lo que nos permite adaptar y personalizar nuestro mensaje. De todas las habilidades que deben dominarse, la habilidad de saber escuchar es probablemente la que más beneficios reporta. A veces pensamos que entendemos los deseos y las necesidades de las personas, pero eso no es cierto sino hasta cuando hayamos escuchado sinceramente y con atención.

EL PUNTO CIEGO

El punto ciego respecto a escuchar es el factor de la negación. Hay quienes dicen que no hay problema —"¡Puedo escuchar!". Todos tenemos oídos y pensamos que podemos escuchar, pero la verdad es que sólo estamos oyendo. Muchas corporaciones grandes han instituido un programa de entrenamiento sobre escuchar (lo llaman de distintas maneras), aunque la mayoría de las personas lo consideran una pérdida de tiempo. La mayoría de los problemas en nuestras relaciones, negocios, y aún asuntos mundiales, quedarían resueltos si la gente se pudiera sentar y escucharse con atención los unos con los otros. Todo lo que se requiere es un poco de esfuerzo mental y escuchar con los oídos, los ojos y el corazón. Cuando a usted se le percibe como alguien que no sabe escuchar, se le considera como una persona egoísta, desinteresada y sin carisma.

LA APLICACIÓN

Cuando se desarrollan las habilidades de saber escuchar, se logra saber lo que otros piensan y sienten, y ello beneficia nuestra forma de influir en ellos. ¿Quiere usted saber cuál es el secreto de los maestros? Aquí hay algunas directrices que usted puede utilizar para incrementar sus habilidades de escucha para influir en la gente:

- Preste atención indivisa, y mantenga las distracciones al mínimo

- Inclínese hacia delante y mírelos directamente al rostro
- Haga de cuenta que tiene todo el tiempo del mundo
- Asienta con la cabeza y concuerde con sonidos verbales como "ajá"
- Nunca interrumpa; haga que la conversación fluya mediante hacer preguntas
- Pause después de contestar

EL EJEMPLO

Larry King es alguien que sabe escuchar. Él comenzó a hacer entrevistas en la radio en la Florida en la década de los años cincuenta y comenzó el Show en vivo de Larry King en CNN en 1985. Se le ha reconocido como uno de los periodistas más importantes de todos los tiempos, y ha ganado numerosos premios. Su carrera ha consistido en escuchar y entrevistar a más de 40.000 personas en sus programas. King dice: "Todas las mañanas me recuerdo a mí mismo: nada de lo que yo diga va a enseñarme algo". Entrevistadores como Larry King logran hacer que la gente se habrá y muestre su alma al desnudo. Véalos, observe la forma como escuchan, y aprenda cómo utilizan preguntas sencillas para hacer que la gente cuente todo aquello que el entrevistador está buscando.

LA CLAVE DEL CARISMA

El día de hoy concentrémonos en escuchar. Comprenda que el saber escuchar implica práctica y concentración mental. Permita que otros hablen sin interrupción. No intente terminar sus frases o declarar lo que ellos están a punto de decir sólo para acrecentar su ego. Cuando terminen, haga otra pregunta para que ellos continúen hablando. Esta técnica permite ampliar su entendimiento de lo que ellos realmente quieren o desean. Lea el comportamiento no verbal e intente percibir lo que se sentiría si usted fuera la otra persona. La gran equivocación está en prejuzgar o categorizar a otros antes o durante una conversación. Cuando usted prejuzga a alguien, no sólo se desgasta usted, sino que desgasta la conversación y eso afecta la forma como los demás le perciben; cuando uno no logra hacer su mejor parte, eso es inmediatamente percibido por las otras personas.

Califique su habilidad para escuchar
Escriba su puntaje en la página 239.

0	1	2	3	4	5	6	7	8	9	10

Pobre	Débil	Promedio	Fuerte	Perfecto

CAPÍTULO 22

AFINIDAD:
LA CONEXIÓN INSTANTÁNEA

"El trabajo de su cliente no es recordarle a usted. Su responsabilidad es asegurarse de que sus clientes no tengan la posibilidad de olvidarlo".

—PATRICIA FRIPP

Todos hemos conocido alguna vez a alguien con quien, luego de unos pocos segundos, es fácil establecer una conexión o un vínculo inmediato con ellos. Y probablemente todos hemos conocido a alguien que de inmediato no nos gusta y que no lo quisiéramos tener cerca. Cuando usted logra desarrollar la afinidad, cuando usted logra conectarse con alguien, cuando las otras personas se sienten cómodas en su presencia, en ese momento usted logra acrecentar el efecto de su carisma; lo que causa que otros quieran prestarle más atención, y recibir su influencia. La afinidad es cuando dos (o más) personas se sincronizan mental, física y verbalmente. Si hay una desconexión, tomará una hora o más restablecerla. ¿Cómo lo perciben los demás? ¿Logra establecer afinidad de inmediato? Esta

es una habilidad vital de las personas carismáticas: conectarse ins-
tantáneamente con alguien sin siquiera pensarlo.

La afinidad genera confianza y nos pone en la misma onda
del auditorio o del interlocutor. Es probable que usted haya visto
la afinidad en acción en muchas oportunidades. ¿Recuerda aquella
ocasión en la que conoció a ese perfecto extraño y simplemente
hubo conexión? Había mucho de qué hablar y usted sentía como si
lo conociera desde hace mucho tiempo, se sentía cómodo y prácti-
camente hablaba de cualquier tema, perdiendo totalmente la noción
del tiempo. Usted desarrolló un vínculo tan fuerte con esa persona
que hasta anticipaba lo que iba a decir. Todo funcionó entre ustedes
dos y se sentían muy cercanos. Usted sentía que sus ideas estaban
sincronizadas y disfrutaban de pasar tiempo juntos. Eso es afinidad.

Es posible acelerar el proceso natural de conectarse y construir
la afinidad mediante entender los mensajes no hablados. ¿Cómo
va usted a asegurarse de que está desarrollando verdaderamente
la afinidad? Usted quiere parecer amigable pero no fingido, parecer atrayente pero no fastidioso. Para construir la afinidad usted
necesita desarrollar un instinto natural. Necesitará saber si está
construyendo la afinidad y si descubre que no es así, encontrar la
manera de ajustar la conversación. Para hacer esto, deberá estar en
la capacidad de leer las claves no verbales, detectar los mensajes
no hablados, y descifrar los verdaderos sentimientos detrás de las
expresiones faciales, el lenguaje corporal y las actitudes.

Cuando hay afinidad, las personas desean estar cerca suyo y
se sienten mejor consigo mismas por estar cerca a usted. Por con-
siguiente, el poder de su carisma aumenta. Un desafío que la gente
enfrenta cuando construye la afinidad y el carisma es que pueden
perder esa conexión justo después de haber empezado a ganarla.
¿Qué quiero decir con esto? La mayoría de las personas no saben
cómo mantener la afinidad durante todo el intercambio. Saben
cómo romper el hielo y hacer que la gente se abra. Pero al rato, todo
cambia. De repente, se ponen serias y su comportamiento cambia.

¿Qué va a pensar la otra persona? Que alguien con quien estaban bromeando hace 10 minutos ha cambiado completamente y se ha convertido en otro individuo. ¿Cuál de los dos es el real? Este cambio abrupto rompe la afinidad y demuestra incongruencia a los demás.

EL PUNTO CIEGO

Todos estamos tan concentrados en la forma como nos vemos, en lo que sucede en nuestra vida, en lo que vamos a hacer luego, en cómo acrecentar nuestra propia autoestima que nos olvidamos de conectarnos y de construir afinidad con otros. Necesitamos estar conscientes de dos puntos ciegos. El primero es no dedicar el suficiente tiempo para interesarnos y conectarnos con las demás personas. Y el segundo es que cuando hacemos esfuerzos débiles, o insinceros para conectarnos, nuestros esfuerzos se perciben de esa misma manera. La afinidad es un componente clave del carisma, y aunque la gente nos hable o sea agradable con nosotros, eso no quiere decir que nosotros necesariamente estamos desarrollando afinidad con ellos.

LA APLICACIÓN

Un apretón de manos puede lograr una buena impresión o lo contrario. Puede construir la afinidad o pueda afectarla. Un apretón de manos comunica fuerza, debilidad, indiferencia o calidez. ¿Sobre qué base se nos evalúa? Aquí hay algunos puntos para considerar cuando estrechemos las manos con alguien:

- Duración del contacto visual
- Fuerza o debilidad del apretón
- Duración del apretón de manos
- Humedad de las manos
- Profundidad del acople de las manos

EL EJEMPLO

¿A quién conocemos que pueda desarrollar afinidad al instante con una persona o con millones de personas al mismo tiempo? Ha escuchado el nombre Oprah Winfrey. Ella inició en la televisión en 1983 en Chicago, y de inmediato ocupó los primeros lugares de sintonía. Sus invitados y su audiencia se sienten tranquilos con su personalidad, su estilo conversacional y su interés sincero y genuino en la gente. Ella establece la afinidad con sus seguidores mediante compartir su persona con ellos. Con frecuencia se le ve llorar con sus invitados y concordar con ellos porque ella misma ha experimentado muchos de los mismos desafíos en la vida. Ella es como un miembro de la familia que se sienta con uno para hablar un rato sosegado o para compartir los problemas. Ella irradia empatía, demuestra interés y un buen sentido del humor. Oprah misma es afinidad.

LA CLAVE DEL CARISMA

Una forma de acelerar la conexión o la afinidad con la gente es mediante utilizar la estrategia de la imitación. El día de hoy haga esto con todos aquellos con los que se encuentre y con los cuales se comunique. Sin siquiera notarlo y de forma inconsciente copiamos el comportamiento, los ademanes, el estado de ánimo, y los gestos de las personas. Este comportamiento es un proceso natural de comunicación. ¿Ha notado usted que en las reuniones sociales la gente tiende a copiar a los demás en su lenguaje corporal y en sus actitudes? Cuando usted logra desarrollar un comportamiento con su audiencia, ellos desarrollarán conexión con usted. Recuerde, la gente se siente inclinada a imitar a aquellos que ellos perciben como similares a ellos. Si ellos cruzan las piernas, cruce usted también las piernas. Si ellos sonríen, sonría usted también. El día de hoy utilice la técnica de la imitación. Le sorprenderá ver lo mucho que funciona.

Califique su habilidad para establecer la afinidad
Escriba su puntaje en la página 239.

0	1	2	3	4	5	6	7	8	9	10

Pobre	Débil	Promedio	Fuerte	Perfecto

RECURSOS ADICIONALES SOBRE LA PRESENTACIÓN Y LA COMUNICACIÓN[11] (LAWSOFCHARISMA.COM)

- Artículos de apoyo
- Sección de audio "Cómo ganar la confianza de la audiencia siempre"
- Hoja de trabajo

---

11 Nota del editor: Estos recursos están en Inglés.

SECCIÓN CUATRO

EMPODERAR A OTROS:
LA COOPERACIÓN CONTAGIOSA

FÁBULA: EL LEÓN Y EL RATÓN

El rey de la selva era un león enorme que amaba su poder y su prestigio. Cierto día, mientras tomaba una siesta, un ratón caminó por su espalda y por su pierna. Indignado, se despertó y puso su gran pata sobre el ratón.

"¿Quién es este pequeño ratón?", pensó. "¿No se da cuenta lo poderoso que soy y que podría aplastarlo o comerlo en cualquier momento?". Para enseñarle una lección, el león empezó a intentar comerlo de cuerpo entero.

"Perdóneme, rey", dijo el ratón. "Perdóneme sólo esta vez. No lo volveré a hacer. Por favor, déjeme ir y algún día le devolveré el favor". El león se rió que este pequeño ratón pensara que alguna vez pudiera recompensar al poderoso rey de la selva. Le cayó tanto en gracia lo que el ratón dijo que lo dejó ir.

Seis meses después el rey de la selva quedó atrapado en la trampa de un cazador famoso. El cazador ató al león con cuerdas demasiado gruesas y este no podía escapar. El león no podía liberarse sin importar lo fuerte que luchara. Así que se dio por vencido ante la situación sin esperanza. Esa noche el ratón iba pasando y vio al león en su aprieto. Mientras el cazador dormía el ratón trozó con sus dientes las cuerdas que mantenían al león cautivo. A tan sólo una hora de amanecer, el ratón logró liberar al poderoso león. Cuando el león escapaba, el ratón sonrió y dijo, "Le dije que le podría devolver el favor".

MORALEJA

Todas las personas que conozcamos están en capacidad de ayudarnos a alcanzar el éxito y la felicidad. Empodere a los demás, trátelos con respeto; y siempre habrá oportunidades en las que la gente nos recompense con creces. Aprenda a mantener inspirados a otros, descubra la forma de motivarlos, construya una visión unificada, y siempre tendrá personas a su alrededor dispuestas a ayudarle en el momento en el que más lo necesite.

HABILIDADES Y CARACTERÍSTICAS PARA EMPODERAR A OTROS

- Inspiración
- Estima
- Credibilidad
- Motivación
- Benevolencia
- Visión
- Empatía
- Respeto

CAPÍTULO 23

INSPIRACIÓN:
FORTALEZCA Y ENERGICE A OTROS

"La gente no es perezosa. Simplemente no tienen metas imponentes, es decir, metas que los inspiren".

—ANTHONY ROBBINS

Si usted no tiene inspiración, no será motivo de inspiración. La gente carismática tiene la habilidad de inspirar a otros, de levantar su estado de ánimo en un instante, de afectar positivamente sus emociones y de incrementar su energía. Cuando usted ve a una persona carismática que inspira a otros a alcanzar nuevos logros, el efecto puede parecer una tarea simple, pero ser carismático e inspirador es un trabajo de tiempo completo. No es algo que se haga de vez en cuando. Cuando usted tiene la habilidad de inspirar a otros, la gente responde ante sus expectativas. Ellos quieren crecer y mejorar, quieren prosperar a través de sus altas expectativas. Ellos esperan que usted eleve sus ánimos y les inspire para llegar más lejos; y como resultado les resulta refrescante adquirir esperanza, energía e inspiración.

Infortunadamente, las personas tienen suficientes individuos a su alrededor que les quitan la inspiración y el empoderamiento. ¿Qué es lo contrario a la esperanza? Es la desesperación, la cual se genera cuando nos sentimos impotentes para cambiar los eventos o cuando sentimos que perdemos el sentido de propósito en la vida. La desesperación es una fuente de desorientación tan profunda que podemos perder contacto con la realidad. Muchas personas no son conscientes de que son negativas y de que están atrapadas en la desesperanza, y como resultado hacen miserable la vida de quienes les rodean. Cualquier persona puede conducir a otra a hacer algo por desesperación, temor o preocupación. El asunto es que la desesperación es temporal. Quienes se dejan llevar por la desesperación o el temor están tan preocupados con aquello que desean evitar, que no puedan pensar en ninguna otra cosa. Ni siquiera en su propio futuro.

La diferencia entre utilizar la desesperación en vez de la inspiración es que la desesperación promueve el temor y la competencia, mientras que la inspiración promueve la esperanza y el trabajo en equipo. La desesperación usualmente se fundamenta en el temor. A la gente no le gusta que usted la presione para hacer las cosas que no desea. Si eso llegara a ocurrir, se resentirían, abrigarían sentimientos negativos y no desearían volver a trabajar con usted. La desesperación conduce a tomar decisiones deficientes, y equivocadas, reduce las opciones y engendra sentimiento de culpa. La desesperación es muy destructiva y les quita vitalidad y energías a las personas. Su meta es inspirar la esperanza. Samuel Smiles escribió:

"La esperanza es como el sol, cuando viajamos en su dirección, arrojamos la sombra de nuestras cargas detrás nuestro... La esperanza matiza nuestros problemas con crecimiento personal y fortaleza. Nos acompaña en las horas más oscuras, nos estimula en las horas de esplendor. Mira con esperanza el futuro y reconoce el propósito del pasado, convierte el desánimo en determinación".

Si usted desea que su carisma dure, necesita confiar en la inspiración de sus emociones y su visión. Los resultados positivos que vienen de la inspiración son obvios. La gente inspirada no necesita ver la recompensa colgando frente a ellos para cumplir sus deberes. Usted no necesita utilizar tácticas que se fundamenten en el temor. Cuando usted utiliza su inspiración, la gente se siente automotivada y no necesita de factores externos para actuar de una forma o de otra. La manera de mantener la motivación en los demás a largo plazo se logra únicamente a través de la inspiración. Cuando uno irradia inspiración logra apartar a las personas de la desesperación, de la inactividad y del sentimiento de culpa. Se les infunde esperanza en sí mismos y en el futuro. Así, usted estará en condiciones de conducir a otros e inspirarles mediante el carisma y con un futuro en mente.

EL PUNTO CIEGO

El punto ciego es nuestra reacción previsible y nuestra programación estándar de utilizar el temor y la desesperación cuando intentamos que otros hagan algo que necesitamos. Ese tipo de estrategias funcionan únicamente a corto plazo, pero no son útiles para establecer el carisma ni la inspiración a largo plazo. El temor es muy fácil de utilizar, no demanda mucho talento o habilidad. Y dado que otros lo han utilizado con nosotros, nos sentimos muy inclinados a utilizarlo con otras personas. Cuando uno utiliza el temor o la desesperación para hacer que otros hagan lo que uno quiere que hagan, se siente empoderado. Creamos conformidad a corto plazo, pero producimos resentimiento a largo plazo. Es posible que usted ni siquiera se dé cuenta de que utiliza el temor y la desesperación como estrategia automática cuando su primer intento de influencia no funciona.

LA APLICACIÓN

Así pues, ¿cómo sabe usted si en realidad está inspirando a otros? ¿Cómo sabe si en realidad está promoviendo el trabajo en equipo? ¿Cómo sabe si está obteniendo la mejor respuesta de su personal? Aquí hay algunas preguntas para pensar a fin de determinar si la gente está inspirada o por el contrario, detenida en la desesperación:

- ¿Se siente la gente mejor después de interactuar con usted? Si así es, están inspirados.
  - ¿Se siente peor? Si así es, ello demuestra desesperanza.
- ¿Saben ellos que usted se siente agradecido y complacido con su trabajo? Si así es, están inspirados.
  - ¿Siente usted que a ellos no les importa? Si así es, ello demuestra desesperanza.
- ¿Saben ellos que usted realmente se interesa por ellos y que acudiría en su defensa? Si así es, están inspirados.
  - ¿Siente ellos que son simplemente otro miembro del equipo? Si así es, ello demuestra desesperanza.
- ¿Escucha usted sus sugerencias y tiene en cuenta sus recomendaciones? Si así es, ello demuestra inspiración.
  - ¿Se ponen ellos a la defensiva cuando los critica? Si así es, ello demuestra desesperanza.
- ¿Participan ellos de forma activa en las reuniones y en las conversaciones? Si así es, están inspirados.
  - ¿Demuestran ellos poca participación y temen expresar algo? Si así es, ello demuestra desesperanza.
- ¿Reconocen ellos sus errores y faltas abiertamente? Si así es, están inspirados.
  - ¿Culpan ellos a otros o a usted mismo? Si así es, ello demuestra desesperanza.

EL EJEMPLO

George Washington fue alguien que inspiró a muchísimas personas. Fue el primer presidente de los Estados Unidos de América y, antes de eso, el comandante del Ejército Continental durante la Guerra de la Independencia. Fue reconocido por su carácter indomable y carisma destacado. Como probablemente usted lo sepa por la Historia, el frío invierno entre 1777 y 1778 en el Valle Forge fue un tiempo de poca esperanza, y muchos se dejaron invadir del desespero. Washington y su ejército acamparon durante seis meses y el 25 por ciento de sus hombres murieron por enfermedad o por la exposición a los elementos. Cualquier otro hombre hubiera perdido la dedicación y el apoyo de su tropa. Sin embargo, Washington siempre logró inspirar esperanza en sus hombres y en la nación que ayudó a forjar. Durante un tiempo de gran desespero y poca esperanza, logró inspirar a otros a la acción.

LA CLAVE DEL CARISMA

A medida que usted cultive el carisma debe inspirar a otros para lograr nuevos niveles de éxito. Son muchísimas las personas que están sumidas en el desconsuelo y llenas de desesperanza. Se hallan desesperadas porque se están alejando de algo. Usted puede darles esperanza en el futuro mediante enfocarse en la inspiración y mediante hacerles ir en la dirección de algo significativo. ¿Qué puede hacer usted para ayudar a alguien a cambiar de la desesperación a la inspiración? La gente desea esforzarse por algo que tenga sentido. Es posible que lo hayan intentado en el pasado y hayan fallado. ¿Qué puede hacer usted para inspirar esperanza y ayudar a otros a sentir que son capaces de hacer lo que usted requiere que se haga?

Califique su habilidad para inspirar
Escriba su puntaje en la página 239.

0	1	2	3	4	5	6	7	8	9	10
Pobre		Débil			Promedio			Fuerte		Perfecto

CAPÍTULO 24

ESTIMA:
COMPRENDA EL EGO

"Es impresionante lo que se puede lograr cuando lo que importa no es quién se lleva los créditos".

—HARRY S. TRUMAN

Cuando pensamos en ello, comprender el ego es un asunto bastante simple: la gente que es agradable nos gusta, y la gente que no lo es, no nos gusta. Para la mayoría de nosotros no es fácil dar elogios, levantar la autoestima de otros, y señalar lo positivo. Sin embargo, la aspiración más elusiva y a la vez más intangible de la mayoría de las personas es acrecentar su autoestima. Implica estar agradados y satisfechos consigo mismos. La clave está en entender que, para llegar a ser carismáticos, necesitamos tener una autoestima saludable, y también la habilidad de levantar la autoestima de los demás.

Todos sufrimos en algún aspecto de la autoestima. Pero en vez de culpar a algo o a alguien por el asunto, asumámoslo con propiedad. La gente que tiene una autoestima alta es fuerte y segura;

pueden admitir fácilmente sus errores. No se dejan amilanar por la crítica o el negativismo. Su autoestima saludable permea todo aspecto de la vida: su trabajo, sus relaciones, y sus interacciones sociales.

Entender la necesidad humana de la autoestima es un asunto básico. Cuando la gente se siente necesaria e importante, es mucho más fácil de influenciar. Usted nunca pensaría en hacerle daño físico a otros o privarlos de alimento y bebida. Sin embargo, sin siquiera pensarlo, herimos a las personas o les privamos del estímulo o la gratitud que se merecen. Todos deseamos ser aceptados o ser parte del grupo. Todos deseamos ser notados y apreciados y sentir que nuestra contribución ayuda a la causa. No todo el mundo desea tener reconocimiento de la misma forma, sin embargo, todo el mundo necesita reconocimiento. Cuando la gente recibe esa aceptación incondicional, sin arandelas, se deshace de sus dudas y sus temores y el carisma se incrementa.

Una manera de fomentar la autoestima de la gente consiste en extender un agradecimiento sincero y genuino. Demuestre agradecimiento por lo que la gente ha hecho o hará. Nunca asuma que ellos saben cuánto se interesa en ellos o los aprecia. Por ejemplo, en su lugar de empleo muchos experimentan insatisfacción porque nunca se les agradece ni se les reconocen sus esfuerzos. Al principio puede parecernos poco natural expresar nuestra gratitud porque tal vez no estemos muy familiarizados con ello. Pero demostrar y expresar agradecimiento vale la pena el esfuerzo.

También es importante leer a las personas y entender las señales que indiquen una autoestima baja, lo cual pudiera ser lo contrario a lo que usted espera. Las señales pudieran ser increpaciones, querer tener siempre la razón, chismear, ofenderse con facilidad o abrigar resentimiento. La gente carismática tiene la habilidad de leer estas señales en otros y acrecentar su autoestima, estableciendo el vínculo entre la estima y el desempeño. Cuando se levanta la estima de otros logra que ellos aumenten su confianza, y como resultado, la gente manifiesta mejores actitudes y un mejor desempeño.

Todo esto no implica que usted nunca deba decir nada negativo o expresar alguna crítica. Sólo que debe estar consciente de que un solo comentario negativo puede tener más impacto que diez comentarios positivos. También tenga en mente que el uso de elogios nos afecta a todos hasta la mismísima médula. Utilicemos los elogios de forma apropiada.

EL PUNTO CIEGO

La realidad es que todos sufrimos de baja autoestima en algún aspecto de nuestra vida. La autoestima tiende a mantenerse baja. Este es un hecho que ha sido investigado. La autoestima general tiende a ser más baja cada día, y muchas veces no nos damos cuenta que muchos de los desafíos en nuestras interacciones diarias provienen de nuestra baja autoestima, es decir, de no entender el ego humano. El punto ciego consiste en que solemos pensar que podemos levantar la autoestima de una persona con sólo decir unas cuantas palabras bonitas. Este tipo de estímulo tiende a percibirse como insincero. Una vez que los demás sienten que usted puede obtener algo a cambio, sus palabras tienen un efecto contraproducente. La necesidad está en entender cómo su propia autoestima afecta su habilidad de irradiar carisma. El segundo aspecto está en mejorar su habilidad de levantar de forma sincera y realista el ego de los demás.

LA APLICACIÓN

Estimular a otros no cuesta nada, sin embargo, produce resultados increíbles. Cuando los elogios no surten efecto, es porque probablemente nadie nos ha enseñado la manera correcta de dar elogios. Para que el estímulo funcione y podamos aumentar el carisma, se deberán incluir ciertos elementos:

- Sea específico
- Elogie algo que la persona no pueda refutar
- Sea sincero en todo lo que diga

▨ Los elogios en público son más poderosos que los elogios en privado

▨ Sea presto a elogiar

▨ Cuando elogie, sea positivo en todo momento

EL EJEMPLO

Cuando le demostramos a las personas que ellas son importantes, incrementamos nuestro carisma y nuestra capacidad de influir en ellas. Andrew Carnegie fue un gran filántropo y hombre de negocios muy importante. Inmigró a los Estados Unidos y se inició en el negocio de los ferrocarriles como telegrafista, lo que eventualmente lo llevó a hacer inversiones en los ferrocarriles y en el acero. En términos de dólares reales, con frecuencia se le considera como el segundo hombre más rico en la historia después de John D. Rockefeller. Carnegie diseñó un plan para vender su acero a los Ferrocarriles de Pensilvania. Cuando construyó una nueva fábrica en Pittsburg, la llamó la J. Edgar Thompson Steel Works, en honor al presidente de los Ferrocarriles de Pensilvania. Thompson se sintió tan alagado por el honor que compró acero exclusivamente de la fábrica de Carnegie. Entender la estima es un asunto simple, sin embargo, sus efectos son muy poderosos.

LA CLAVE DEL CARISMA

Muchos no expresan elogios porque les preocupa verse de algún modo sin naturalidad. Piensan que la gente no les va a creer, y hasta que se van a ofender. Desde mi punto de vista, si usted tiene alguna de esas preocupaciones, probablemente no se está viendo con naturalidad. Cuando usted verdaderamente se interesa en los demás, y es específico en sus elogios, sus palabras abrirán puertas e incrementarán su carisma. El día de hoy dedique algún tiempo a dar elogios por cosas pequeñas, así será mucho más fácil dar estímulo en cosas mayores. Busque a quien elogiar. Le sorprenderá las muchas oportunidades que hay para hacerlo, lo fácil que es, y lo mucho que se aprecia un buen elogio. Hacernos conscientes de que la mayoría de nosotros no elogiamos debido a nuestra propia baja autoestima, pone el asunto de los elogios en la perspectiva correcta y nos ayuda a ser más conscientes sobre el estímulo que debemos brindar. Recuérdelo: dar estímulo es un acto gratuito.

Califique su habilidad para acrecentar la estima
Escriba su puntaje en la página 239.

0	1	2	3	4	5	6	7	8	9	10

Pobre	Débil	Promedio	Fuerte	Perfecto

CAPÍTULO 25

CREDIBILIDAD:
LA REALIDAD VERSUS LA PERCEPCIÓN

"Alguien puede ser catalogado el orador más grande que el mundo
ha conocido, poseer la mente más rápida, tener la psicología más
lista, y dominar todas las técnicas de la argumentación, pero si no es
creíble, es mejor que se vaya y le predique a los pelícanos".
—**GERRY SPENCE**

Cuando usted goza de credibilidad, la gente lo considera creíble,
y usted es percibido como quien tiene la experiencia para hacer
que las cosas sucedan o para resolver los desafíos. La credibilidad
se basa en tres cosas: su conocimiento, su historial, y su apariencia. ¿Qué ha sucedido en el pasado? ¿Ha cumplido usted todas sus
promesas? ¿Se le conoce por revelar verdades a medias, o peor aún,
por ocultar parte de la verdad? ¿Respeta sus compromisos? ¿Asume
sus errores? ¿Afronta la realidad con madurez? La respuesta a todas
estas preguntas contribuye o afecta la percepción de su credibilidad.

La credibilidad crece cuando uno no deja brechas entre lo que dice y lo que hace. La percepción es que usted está dispuesto y en capacidad de hacer lo que dice que hará. La credibilidad alta aumenta la confianza de otros e incrementa su nivel de compromiso. La credibilidad baja disminuye la motivación, engendra crítica y se manifiesta en la falta de apoyo.

Cuando alguien alcanza el carisma pleno, se convierte en un modelo a seguir. Hace lo que les pide a otros que hagan. Va al frente con las mangas recogidas, haciendo lo que necesita hacerse. Se destaca, y practica lo que predica.

Sea algo justo o no, la forma como usted se presenta, así como su comportamiento, afectan o benefician su percepción de la credibilidad. Aprenda a presentarse de forma calmada, preparada y autoritativa. Cuando usted se presenta de forma emocional o nerviosa, sencillamente echa su credibilidad por la borda. La gente creíble no corre por ahí como pollo sin cabeza. No se muestra en desorganización como si no tuviera el control. La gente creíble está al control de la situación y demuestra compostura todo el tiempo. Y aun cuando no se sientan así en el interior, se muestra así en el exterior. Los estudios demuestran que cuando se llega a tiempo y se demuestra organización, se aumenta dramáticamente la percepción inicial de la credibilidad.

Existen dos cosas que afectan la credibilidad sustancialmente y son: la apariencia de engaño y ser percibido como demasiado bueno para ser realidad.

🔸 *El engaño:* cualquier tipo de mentira o engaño es usualmente obvio para los demás, y su efecto en la credibilidad es instantáneo. Hay quienes creen que porque no se les atrapa en la mentira, logran salirse con la suya. Pero eso no es cierto. Las personas sienten de forma subconsciente la mentira y toman nota mental sin decir una palabra. Usted nunca deberá arriesgar su credibilidad mediante cualquier forma de engaño porque simplemente no vale la pena, y existen muchas posibilidades de que el engañador no quede sin ser descubierto.

✹ *Ser demasiado bueno para ser realidad:* para evitar este efecto, revele alguna debilidad. Resulta curioso pero, la gente es tan escéptica por estos días que intenta buscar algún tipo de debilidad en usted y en su producto. Si usted no les demuestra una debilidad, preferiblemente una debilidad pequeña, ellos le buscarán una. Por ejemplo, si su producto o servicio es el más costoso, no oculte esa debilidad. Revélela como si fuera una fortaleza: "Es el mejor, tiene más características, y dura el doble que su competidor directo". Revelar una pequeña debilidad tiende a hacer que la gente le vea como más honesto y creíble que aquellos que tratan de ocultar sus faltas o debilidades. Nuestra credibilidad se incrementa cuando somos lo suficientemente maduros para asumir nuestros errores y debilidades. La gente puede olvidarse de las debilidades rápidamente, pero no es tan presta para olvidar un encubrimiento.

EL PUNTO CIEGO

La credibilidad es esencial para el carisma. El punto ciego con la credibilidad está en asumir que se tiene y que uno es creíble. Usted puede ser la persona más inteligente en su campo y la más calificada, pero si esa no es la percepción, usted no tiene credibilidad. Usted pudiera hasta ser un experto, pero si no le perciben en todo momento de esa forma, no es creíble. Si alguien revela algo negativo sobre usted o su compañía, su credibilidad se puede ver socavada. Con frecuencia dejamos de pensar en la credibilidad porque siempre nos consideramos personas creíbles. Siempre decimos la verdad y tenemos experiencia en nuestra área de dominio. Es posible que eso sea cierto, pero la credibilidad es una percepción, no un hecho. No es algo que se tenga, es algo que se gana.

LA APLICACIÓN

Como usted lo sabe, la mentira y el engaño destruyen la credibilidad que se haya obtenido en el pasado. Muchos no están dispuestos a decirnos que somos mentirosos en nuestra cara, pero deciden silenciosamente no creer en lo que decimos. La persona presenta alguna excusa ("Necesito tener más información", "Búsqueme después", "Lo pensaré"), y entonces nunca más volvemos a saber de ella. ¿Qué indicios pudieran ser una indicación de esto? ¿Cómo sabe usted si está siendo afectado por una credibilidad baja? ¿Le ocurren algunas de las cosas que se citan a continuación?

- Se presentan quejas a sus superiores
- Se piden referencias
- No se devuelven las llamadas
- Se cancelan las citas
- No se vuelve a celebrar negocios con usted
- No se demuestra lealtad

EL EJEMPLO

Warren Buffet, nació en Omaha, Nebraska, en 1930, y es uno de los inversionistas más exitosos de la Historia, y uno de los hombres más ricos del mundo. También se le conoce como un hombre muy ahorrativo y por donar el 85% de su riqueza. Se le considera el gerente que mejor supo administrar el dinero en el siglo XX. Si usted desea saber sobre el sector financiero, o dónde invertir en acciones, consulte con Warren Buffet. Cualquier cosa relacionada con el dinero, hable con Warren Buffet. Él tiene la experiencia, el registro y la credibilidad para hacer que cualquier persona escuche. Cuando usted le ve hablar, sus ademanes y su presentación hacen que usted aumente la credibilidad. Él se preparó con los grandes (Benjamín Graham), y entrenó con los mejores (Dale Carnegie), y su historial es el mejor (el inversionista más exitoso de todos los tiempos).

LA CLAVE DEL CARISMA

La clave está en aumentar de forma continua la credibilidad (sin importar en qué punto empiece usted). ¿Qué necesita hacer usted para superar los desafíos a la credibilidad? Prepárese muy bien y anticipe cualquier pregunta que llegue a surgir. Usted no logrará tener credibilidad o carisma si no se prepara. El día de hoy encuentre maneras de incrementar su credibilidad con las personas sin aparecer como un jactancioso. ¿Qué debe hacer o decir para dar a conocer su experticia, cualificaciones, educación, o experiencia y ser percibido como un experto? Sea creativo; por ejemplo, haga que quienes tienen credibilidad le presenten ante otros.

Califique su credibilidad
Escriba su puntaje en la página 239.

0	1	2	3	4	5	6	7	8	9	10

Pobre	Débil	Promedio	Fuerte	Perfecto

CAPÍTULO 26

MOTIVACIÓN:
ENCIENDA EL FUEGO

"La motivación es el arte de hacer que la gente haga lo que usted
desea porque desean hacerlo".
—DWIGHT D. EISENHOWER

¿Cómo es posible para usted transformar las necesidades y deseos básicos de la gente en motivación? ¿Cómo logra hacer que otros
hagan lo que usted necesita aun cuando sientan que no quieren o no
desean hacerlo? La gente carismática hace que otros se mantengan
motivados a largo plazo. Logran hacer que otros visualicen las metas
y les hacen sentir que van a alcanzarlas. Dicha motivación hace que
ellos establezcan sus propias metas, resuelvan sus propios desafíos,
tomen sus propias decisiones, y hasta sientan que son parte de un
equipo. El viaje hacia cumplir las metas puede ser largo, difícil, ago-
tador y frustrante. Su carisma es lo que los motiva a ellos, y levanta
su ánimo cuando se sienten abatidos. ¿Qué hacer cuando la gente
tiene desánimo? Eso es algo que sucede: la gente se siente abatida a
veces y eso es inevitable. Decirles que nunca se van a desanimar o

que van a perder el ánimo es contraproducente. Prepárelos para los tiempos cuando las cosas se pongan difíciles o para los momentos en los que alcanzar el éxito parezca improbable. Usted logra acrecentar la motivación y empoderar a las personas de dos maneras. La primera es mediante el desarrollo personal. Cuando usted ayuda a otros a utilizar su mente para aumentar su conocimiento y sus habilidades, desarrolla motivación e impulsos ilimitados. La gente desarrolla sentido de urgencia y de dirección, lo que los impulsa a ir más rápido y a volar más alto que antes. Cuando usted ayuda a otros a aprender y a crecer, se hacen más optimistas y su motivación aumenta. Su autoestima crece. Sienten que tienen las herramientas y el capital mental que necesitan para lograr el éxito. El enfoque sobre desarrollo personal hace que utilicen su mente, su conocimiento y sus habilidades. La gente carismática ayuda a otros a desarrollar apetito por el conocimiento y a sentir una necesidad interior de mejorar. La gente carismática ayuda a otros a querer crecer, mejorar y cumplir cosas que en el pasado no lograron alcanzar, cosas que les imponen un reto. Cuando la capacidad y el deseo de crecimiento aumentan, la motivación se hace más fácil.

La segunda manera de motivar y empoderar a otros es mediante hacer que establezcan metas. Vivimos en un mundo en el que se desea tener todo de inmediato. Queremos una reparación instantánea. Deseamos gratificación instantánea y resultados inmediatos. Sin embargo, queremos todo sin tener que hacer el mínimo esfuerzo. ¿Cómo se motiva a este tipo de personas? Una manera es mediante entender el poder de establecer metas, un concepto del cual se ha abusado porque se ha utilizado de la forma equivocada. Muy pocos saben en realidad la manera correcta de utilizarlo. La clave está en no sólo ayudar a otros a establecer y a alcanzar metas, sino también en lograr comunicar exactamente lo que cada meta envuelve. La gente deberá acoger el nuevo desafío y creer que lo van a alcanzar. También necesitan saber que usted está comprometido con ellos y que cree firmemente que ellos están en la capacidad de alcanzar la meta.

Superficialmente, la mayoría de las personas se resisten a establecer metas porque nunca han tenido a nadie que les enseñe la forma correcta de hacerlo. Sin embargo, los seres humanos estamos hechos para establecer y alcanzar metas. Su trabajo consiste en ayudarles a redescubrir la necesidad de establecer metas y tener un objetivo en su vida. Ayudar a otros a tener metas cambia y aumenta sus expectativas futuras. El carisma tiene que ver con ayudarles a descubrir lo que quieren lograr y hacerles ver que lo pueden alcanzar. Y ayudarles de esa manera permite que ellos progresen y aumenten su motivación.

EL PUNTO CIEGO

Nuestro punto ciego es pensar que lo que nos motiva estimula también a otros. Seamos francos: todos somos diferentes y tenemos personalidades distintas que nos motivan cosas distintas. De hecho, un tipo de motivación que funciona con una persona hoy, posiblemente no le sea de motivación mañana. ¿Sabía usted que la mayoría de los gerentes consideran que la compensación es la razón número uno por la que la gente se motiva para ir al trabajo? No obstante, cuando se les pregunta a los empleados, la razón número uno que los motiva es tener un lugar de trabajo interesante e inspirador. La compensación ocupa el quinto lugar en la lista. ¿Sabe usted qué es lo que motiva a los suyos? Aprenda a leer a los demás y comprenda qué es aquello que los motiva.

LA APLICACIÓN

Ya sabemos que la verdadera motivación no implica manipulación, obligar a otros ni rebajarlos. En el lugar de trabajo, ¿qué necesitamos hacer en este mismo momento para aumentar la motivación de los empleados?

- Fije expectativas claras y concisas
- Aumente el entrenamiento y el desarrollo personal

- Establezca como grupo metas realistas y estimulantes
- Limite el refuerzo negativo o pesimista
- Reconozca y recompense las mejoras
- Haga del lugar de empleo un lugar agradable, interesante, y estimulante
- Asegúrese que los empleados tienen las herramientas y los recursos que necesitan

EL EJEMPLO

Uno de los grandes motivadores fue el legendario entrenador de fútbol Vince Lombardi. Nació en 1913, y fue famoso por ganar cinco campeonatos de la liga cuando entrenaba a los Green Bay Packers en la NFL, lo que incluyó ganar las primeras dos Súper Copas que se jugaron. El sabía que el camino a la victoria estaba cubierto de una combinación del esfuerzo de varios individuos. Sus jugadores concuerdan en que él los motivaba a hacer su mejor esfuerzo. Cuentan que a veces se quedaba hasta las 3 de la madrugada planeando jugadas para vencer a la competencia. Lombardi condujo a sus jugadores a la excelencia. A pesar de que era presto a gritar, utilizaba palabras amables y emociones positivas para animar a su equipo. Algo que se escuchaba en eco de sus jugadores era la frase "Pasaremos por el fuego por él".

LA CLAVE DEL CARISMA

Esfuércese por recordar que mediante el carisma usted se convierte en una fuerza motivadora para otros. Muchos de los que usted intenta motivar ya han intentado hacer lo que usted les pide pero no lo han logrado. Los seres humanos somos notorios por intentar algo una o dos veces y, si no logramos el éxito, asumir que siempre fallaremos en esa actividad en particular. Esta tendencia disminuye la habilidad de querer aprender y rebaja las expectativas del éxito potencial. Ayude a su equipo a soñar, deles las herramientas que necesitan para alcanzar el éxito y motívelos a convertirlo en realidad.

El día de hoy encuentre a alguien a quien motivar brindándole expectativas altas, metas realistas y las herramientas para alcanzarlas.

Califique su habilidad de motivar

Escriba su puntaje en la página 239.

0	1	2	3	4	5	6	7	8	9	10

Pobre	Débil	Promedio	Fuerte	Perfecto

CAPÍTULO 27

BENEVOLENCIA:
LA CARIDAD Y LA COMPASIÓN

"Yo estoy seguro que después que se haya asentado el polvo de los
siglos sobre nuestras ciudades, nosotros, también, seremos recor-
dados no por nuestras victorias o derrotas en la arena política, sino
por nuestra contribución al espíritu humano".
—JOHN F. KENNEDY

Muchas personas piensan que, cuando ocupen posiciones
prominentes, otros deberán servirles o admirarlos. Esa es una
manera de alejar a los demás y disminuir el carisma. Si el enfoque
está únicamente en usted, entonces con el tiempo, todo el enfoque
se alejará de usted. Otros intentarán tener su atención, pero sólo
estarán tras su dinero o su reconocimiento; no le buscarán por lo
que usted realmente es. Cuando usted empieza a enfocarse en otros,
demuestra bondad y extiende caridad y benevolencia, el enfoque se
centra de nuevo en usted. Cuando usted busca lo bueno en otros, se
hace usted mismo una mejor persona. Cuando usted busca oportunidades para servir a los demás, no solamente abre las puertas

a la influencia, sino también incrementa su bienestar y felicidad. Tener benevolencia implica ser amigable y demostrar interés genuino por la gente. Aristóteles dijo: "Consideramos amigos nuestros a quienes nos desean cosas buenas y que sienten dolor cuando algo malo nos sucede". Este tipo de interés y bondad significa ser perceptivo y amable. Significa ser considerado en todos los tratos. Siempre sea cortés y demuestre interés genuino en quienes le rodean. Ese interés es el fundamento de todas las interacciones y fundamenta un buen estado de ánimo para la reciprocidad y el carisma. Mediante la compasión y la benevolencia usted logrará ganar muchos corazones y tratos leales.

Usted demuestra benevolencia mediante enfocarse en lo positivo y tener cuidado con lo negativo. No se haga áspero o agresivo cuando trate con la gente. Recuerde, la gente es altamente sensible y se siente extremadamente vulnerable. Vigile lo que dice y lo que hace y siempre demuestre que tiene el mejor interés en mente para su audiencia. Nunca critique a alguien a menos que realmente lo necesite, y si lo hace, hágalo de la forma correcta. La crítica daña las relaciones, destruye la conexión entre las personas y afecta el carisma. Cada vez que usted haga sentir a alguien un tonto, se le percibirá a usted como alguien desconsiderado y su habilidad para influir en otros disminuirá. Al contrario, encuentre algo positivo y demuestre benevolencia. Hacerlo aumenta la aceptación y la autoconfianza. Manifieste interés y benignidad y automáticamente aumentará su carisma.

Un gran componente de la benevolencia es la disposición mental hacia la abundancia, que consiste en un estado mental para dar, sabiendo que el universo le recompensará por ello. No dé por causa de la recompensa; dé porque hacerlo es lo correcto. Es como lo expresó el autor Stephen Covey: "La mentalidad de abundancia nace de un sentido profundo de la dignidad y la seguridad personal. Es el paradigma de que allá afuera hay abundancia y suficiente para todos... Abre las posibilidades, las opciones, las alternativas y la creatividad". Usted sabe que dar de su tiempo, su dinero, y habilidades no sólo es lo correcto sino que aumenta su abundancia, su salud, su felicidad y su carisma. Supere la mentalidad de la escasez que la sociedad nos impone, y comprenda la abundancia que el mundo tiene para ofrecernos. Advierta que todos estamos en el mismo equipo humano y que tenemos fortalezas y debilidades. Siempre esté dispuesto a compartir sus fortalezas, y alguien estará dispuesto a asistirle con sus debilidades.

EL PUNTO CIEGO

Muchos pensamos que hace tiempo que ya hemos estado teniendo un buen corazón, sirviendo a otros y demostrando benevolencia. Sin embargo, hacemos bien en preguntarnos si podemos hacer más. Demostrar bondad sincera a otros los empodera e incrementa el carisma en quien la despliega. Nunca debemos demostrar benevolencia porque podamos recibir algo a cambio; debemos manifestarla porque es lo correcto. El punto ciego está en pensar: "Cuando yo... [cualquier cosa que la persona alcance], seré más amable, más caritativo y más benevolente. Cuando tenga más dinero y más tiempo demostraré mejor esa cualidad". El tiempo para demostrar mayor benevolencia es ahora mismo. El día para aumentar su carisma es hoy.

LA APLICACIÓN

La aplicación es simple. Empiece a dar de sí mismo, comience a interesarse por otros, empiece a demostrar su benevolencia. Le asombrará lo mucho que la gente deseará estar a su lado, y usted será una persona más feliz. Para iniciar, intente alguna de estas cosas:

- Haga algo para mejorar el día de las personas
- Felicítelas cuando menos lo esperen
- Pregúnteles con sinceridad cómo les va
- Busque pequeñas oportunidades para servir

- Ayude al que viene detrás suyo
- Deje una buena propina
- Dé el 10% de sus ingresos a una iglesia, a la caridad o a una causa

EL EJEMPLO

Cuando pienso en la benevolencia, siempre vienen a mi mente los que escribieron *Sopa de pollo para el alma*, Mark Victor y Jack Canfield. Ellos crearon la serie de libros que han vendido más de 100 millones de copias en el mundo. Una de las razones de su éxito es que ambos son genuinamente buenas personas. Están dispuestos a ayudar a otros, a dar de sí, a hacer de este mundo un mejor lugar. Usted puede ser un total extraño y encontrárselos en un aeropuerto y cualquiera de ellos está más que dispuesto a ayudarle. También han dedicado el 10% de sus ingresos de sus libros a la caridad, y han donado millones de dólares a obras benéficas por todo el mundo. Ellos creen firmemente que cuanto más usted da, más obtiene. Algunos entonces dirían: "Seguro, tienen suficiente dinero para dar, así que no es problema". Bien, cuando ellos estaban en la quiebra y salió el primer libro, ya se habían comprometido a dar el 10% de las regalías a la caridad. Ambos creen que esta benevolencia es el factor clave de su éxito.

LA CLAVE DEL CARISMA

Tenga mucho cuidado del mundo a su alrededor. Si usted es como la mayoría de la gente, estará atrapado en su propia vida. Intente enfocarse en quienes se encuentran a su alrededor. Substituya los pensamientos negativos con pensamientos y comentarios positivos respecto a las demás personas. Vea lo bueno en ellos, y esfuércese por sacarles a relucir lo mejor. Cuando usted mejora de alguna manera la vida de las personas que conoce (y eso sólo pudiera tomar unos pocos segundos), entonces irradiará benevolencia. Todo el mundo necesita un poco de ayuda de vez en cuando. El día de hoy, busque una oportunidad de practicar la benevolencia, rinda alguna medida de servicio. Verá cómo todos se benefician.

Califique su benevolencia
Escriba su puntaje en la página 239.

0   1   2   3   4   5   6   7   8   9   10

Pobre   Débil   Promedio   Fuerte   Perfecto

CAPÍTULO 28

VISIÓN:
VÉALO, PRUÉBELO, TÓQUELO, SIÉNTALO

"Donde no hay visión, el pueblo perece".

—PROVERBIOS 28:18

No confunda a una persona visionaria con una que tiene una visión. Una persona visionaria tiende a hablar mucho sin hacer nada. Una persona con visión logra convocar a otros para ayudarle a llevar a cabo su visión. Dicha persona no tiene dudas respecto a esa visión, siempre se avanza hacia su cumplimiento, y posee una fuerza interior para superar los desafíos inevitables. Una persona carismática puede comunicar la visión, hacer que otros se comprometan con ella, y hacer que la visión se vea de forma atractiva y alcanzable. Una visión hace que nos llenemos de inspiración y nos faculta para hacer lo imposible. Nos permite superar los temores y las preocupaciones respecto a todo lo que resulte mal. Nos ayuda a desechar las convicciones preconcebidas, a remover las barreras del pasado y a superar las limitaciones previas. Cuando usted tiene carisma, su visión es alimentada por su pasión y su convicción.

La visión de una persona carismática empodera a otros para tener confianza no sólo en ellos mismos sino en su habilidad personal para hacer lo que se necesite para cumplir con la visión. Tener una visión une a la gente y crea un propósito común. El desafío, sin embargo, es que cuando la visión se presente, no cree sentido de propiedad. Si la percepción de los demás es que el esfuerzo será todo para usted, y ellos no perciben dónde entran en el cuadro, se van a sentir manipulados y se puede perder el sentido de propiedad. Ellos quieren saber qué parte les corresponde a largo plazo. ¿Por qué deberían apoyarle a usted y a su visión? Recuerde, muchas personas se sienten más cómodas con el *estatus quo* en vez de querer arriesgar algo por un mejor futuro. Una verdadera visión no solamente disminuye el temor al fracaso y al pensamiento negativo, sino que también promueve la sinergia. Su visión crea un vínculo entre el estado presente y el objetivo futuro.

Todos los seres humanos anhelan tener dirección y guía. Por eso es que alguien con una visión es tan llamativo e influyente. La gente carismática es capaz de crear una visión fuerte y clara respecto al futuro. La gente salta a bordo cuando ven una visión vívida, algo que puedan tocar, saborear, sentir o ver. Nadie quiere estar a bordo de un barco que se hunde. La gente quiere tener conocimiento. ¿Cuál es el plan? ¿Hacia dónde nos dirigimos? ¿A qué le estamos apuntando? Su meta será presentar de forma poderosa cómo su visión es la solución a sus problemas. Su visión debe llenar la brecha entre su estado presente y la situación deseada —desde el sitio donde ellos están, hacia el sitio a donde se desea llegar.

La visión es poderosa porque nos mantiene enfocados en un objetivo futuro en vez de las preocupaciones del día a día. Nos da el enfoque necesario respecto al futuro. Crea un gran cuadro, una visión cohesiva que une a las personas con metas y objetivos comunes. La gente carismática tiene su visión claramente definida y está llena de entusiasmo y expectativas. Y más que cualquier otra cosa en la vida, una visión —sea su visión o la de alguien más— gobierna sus decisiones diarias. Cuando la visión es clara, es más fácil tomar el tipo de decisiones acertadas.

EL PUNTO CIEGO

Todos hemos asistido a esas reuniones motivacionales donde se habla del futuro y se supone que todo el mundo se entusiasme y se una al plan. El presidente de la compañía está energizado, tiene gran entusiasmo, y proclama por toda la sala las razones por las que todo el mundo debería apoyar la visión. Todo el mundo escucha educadamente y espera hasta que la reunión se termine; es posible que la audiencia responda al final con un sentido aplauso. Pero al día siguiente nada ha cambiado, todo regresa a la normalidad. El punto ciego consiste en pensar que cuando otros aparentan estar entusiasmados con la visión significa que están comprometidos con ella. Aun cuando la visión sea en el mejor del interés de ellos, ellos no lo perciben, ni lo sienten, entonces no hay sentido de pertenencia.

LA APLICACIÓN

¿Qué implica crear una visión llamativa y vibrante que entusiasme a otros y les haga querer unirse a usted? Cuando cree la visión, implemente algunos elementos críticos que hacen que otros se unan comprometidamente a la causa:

- Cree una visión que todo el mundo comparta y gane
- Proyecte la visión de forma que todos la visualicen como una realidad
- Establezca una meta común o un enemigo común
- Asegúrese que su objetivo es claro y preciso. Las visiones poco realistas o ambiguas se desvanecen pronto
- Esté listo a presentar un plan de acción que sea realista

EL EJEMPLO

Jack Welch es un gran ejemplo de una persona carismática. Él transformó la compañía GE mediante su habilidad de crear, entregar e inspirar una visión. Se le conoce por nunca transigir en sus principios y por cumplir su palabra. En la década de 1980, Welch tuvo la visión de convertir a GE en una compañía más competitiva. Creó la visión de eliminar la ineficiencia y la burocracia corporativa. Hizo que todo el mundo se involucrara con el concepto de que si cualquier marca bajo GE no estaba en el primer o segundo lugar de la industria, debería venderse. Al principio tuvo críticos, pero su visión, su carisma y su convicción llevaron a que sus metas se hicieran realidad. Welch impulsó el desempeño de sus empleados, pero también les recompensó correspondientemente. Llegó a ganarse el respeto, no sólo dentro de GE, sino de toda la América corporativa.

LA CLAVE DEL CARISMA

El día de hoy la clave consiste en ayudar a alguien a librarse de sus preocupaciones del pasado y a tener una visión del futuro. Comprenda que lo opuesto de la visión es la preocupación. Cuando la gente está atrapada en la preocupación, su visión del futuro no es lo suficientemente fuerte para vencer sus preocupaciones. No logran verse a sí mismos haciendo lo que quieren o lo que se les pide que hagan. La preocupación es una forma de temor que paraliza a las personas y su habilidad de emprender la acción. La preocupación desgasta las energías, contamina la visión, y distrae a la gente de sus metas. No permita que los demás se concentren en las preocupaciones o se detengan en los errores del pasado. Proyecte una visión clara del futuro. Dé esperanza a las personas, estímulo, y las herramientas para verse a sí mismas haciendo lo que quieren o necesitan hacer. Ayúdelas a liberarse del pasado y a emprender el futuro. Hágales saber que sus errores del pasado no tienen por qué empañar su potencial futuro.

Califique su visión
Escriba su puntaje en la página 239.

0   1   2   3   4   5   6   7   8   9   10

Pobre	Débil	Promedio	Fuerte	Perfecto

CAPÍTULO 29

EMPATÍA:
LA COMPASIÓN
GENERA AMISTAD

"Si sus habilidades personales no están desarrolladas, si usted no es autoconsciente, y no logra dominar sus emociones bajo presión, si no logra tener empatía y relaciones efectivas, entonces no importa lo inteligente que usted sea, no va a llegar muy lejos".
—DANIEL GOLEMAN

La palabra empatía tiene raíces tanto griegas como latinas. Las dos palabras significan "ver a través de" y "el ojo de la otra persona". La habilidad de ver a través del ojo de la otra persona crea carisma a largo plazo. Cuando la gente percibe que usted ve lo que ellos ven, que usted siente lo que ellos sienten, que a usted le duele lo que a ellos les duele, entonces ellos están dispuestos a someterse a su influencia. La empatía implica mucho más que estar consciente de las emociones y los sentimientos de otros. Mediante esta cualidad usted tiene la habilidad de reconocer e identificar el estado interior y el bienestar de los demás. Usted experimenta lo que ellos sienten, las emociones que les invaden y la forma como se sienten al respecto. Esto nos permite entender las actitudes, creencias, y temores ajenos; usted entra en su mundo tal y como ellos lo conciben. La empatía genera confianza y respeto, y el carisma de larga duración se basa en la empatía. La gente carismática tiene la habilidad de captar las claves sutiles y las señales no verbales que indican lo que realmente está pasando en el interior de una persona.

La empatía no es simpatía, la cual se relaciona con la habilidad de relacionarse con otras personas. La empatía implica un sentimiento hacia las personas y un entendimiento de ellas. La empatía implica ponerse en los zapatos de las otras personas y caminar un rato con ellas. Aprenda cómo funcionan las emociones; practique el leer a las personas y utilice una empatía sincera. La empatía es algo que no se aprende en los libros. Vivimos en un mundo que anda autoabsorto en sí mismo, y demostrar empatía es lo contrario a casi todo lo que se aprende de la sociedad. La mayoría no demuestran empatía por naturaleza; han aprendido a ser egoístas o a concentrarse únicamente en sí mismos. La empatía está relacionada con identificar y entender la situación de las otras personas, sus sentimientos y preocupaciones de una manera sincera y realista. Cuando usted practica la empatía la gente se sorprende y se siente atraída hacia usted.

Cuando usted acepta por entero a una persona de forma incondicional, usted crea empatía. Usted acepta sus fortalezas, sus triunfos, sus debilidades, sus fracasos, sus dudas y sus temores. Desarrollar empatía nos hace sentir mejores como personas y aumenta nuestra felicidad. A todos se nos dice que debemos poner a los demás en primer lugar, pero muy pocas personas en realidad están dispuestas a hacer eso. La gente que logra hacer eso, se vuelve más carismática. La gente a su alrededor está dispuesta a hacer lo que sea a su favor. Asimismo, la empatía incrementa su satisfacción y productividad personal. ¿Comprende usted eso? Usted se ayuda a sí mismo a la vez que ayuda a otros al aumentar su carisma.

EL PUNTO CIEGO

La empatía es una habilidad que no se nos enseña a desplegar. La hemos sentido y visto en acción, pero la mayoría de nosotros no estamos muy seguros de cómo demostrarla. A veces estamos tan absortos con nuestros propios problemas que olvidamos que debemos aprender a interesarnos en otras personas. Sin embargo, son esas otras personas las que nos van a ayudar a alcanzar nuestras metas. Un punto ciego es no entender que el aparentar interés por los demás no es demostrar empatía. La gente carismática tiene la habilidad de demostrar empatía sincera y genuina. Otro punto ciego consiste en creer que la simpatía es empatía. Pero hay una diferencia.

LA APLICACIÓN

Usted puede empezar a implementar la empatía en sus contactos y en sus conversaciones diarias, aunque ello requiere algo de práctica y evaluación. Después de cada encuentro, pregúntese si lo hizo bien y si es posible mejorar la próxima vez. Pruebe con estos pasos para aumentar su empatía:

- Prepárese mentalmente para escuchar el mensaje de las otras personas
- Escuche con sus oídos, su mente y su corazón
- Lea el lenguaje corporal de la otra persona
- Evalúe el verdadero mensaje que se está enviando
- Reconozca los sentimientos y las emociones que se están transmitiendo
- Practique el pensar desde la perspectiva de la otra persona
- Responda con consideración

EL EJEMPLO

Nelson Mandela, ex presidente de África del Sur, es un buen ejemplo de empatía. El demostró verdadero interés en la gente y siempre se apegó a sus valores y sus principios. Él conocía la importancia y el poder de la empatía. Con frecuencia decía: "La mejor manera de conocer a una persona es caminar una milla en sus zapatos". Pasó 27 años en prisión por causa de sus convicciones, y muchas personas querían que él se vengara de las autoridades que lo habían enviado a prisión. Pero él quería hacer las cosas bien, y no quería tener una retaliación o crear más víctimas. Él unió a un país dividido a través de su ejemplo, su empatía y su paciencia. Enseñó a la gente a buscar el entendimiento en vez de tomar venganza, y a buscar puntos de acuerdo en vez de puntos de discordia.

LA CLAVE DEL CARISMA

Aunque la empatía implica esfuerzo, perfeccionar esta cualidad trae recompensas. Cuando usted demuestra verdadera empatía, se hace más digno de confianza y carismático, y así aumenta la productividad e inspira el compromiso de otros. Nuestra vida moderna y apresurada no nos permite cultivar las habilidades ni el entorno mental orientado hacia la empatía. Usted necesitará buscar oportunidades para desarrollar esta cualidad. Comience haciéndose dos preguntas a medida que entabla conversaciones con las personas:

- ¿Cómo me sentiría si fuera esta persona?
- ¿Por qué se siente esta persona de esta manera?

Inicie haciendo eso hoy mismo. Busque a alguien a quien le pueda brindar empatía, y demuéstrele verdadero interés.

Califique su empatía
Escriba su puntaje en la página 239.

0	1	2	3	4	5	6	7	8	9	10

Pobre	Débil	Promedio	Fuerte	Perfecto

CAPÍTULO 30

RESPETO:
PARA OBTENERLO, USTED DEBERÁ DARLO PRIMERO

"Respete a las personas y ellas harán todo lo demás".
—JOHN WOODEN

El carisma a largo plazo tiene que ver con valorar a las personas. Tiene que ver con el respeto que se da a otros, lo cual genera más carisma e influencia. El respeto es altamente contagioso. Antes de siquiera percibirlo, el respeto se extiende a los demás. Cuando el respeto es alto entre dos personas o entre un grupo, se percibe mayor confianza y la gente se muestra más abierta hacia los sentimientos de otros. Las personas logran concentrarse más en el objetivo en común. Aprenda a construir el respeto. Cuanto más respeto manifieste, más influyente se hará usted. El respeto no siempre viene de forma instantánea. A veces toma tiempo construirlo. El punto consiste en que la forma como usted hace sentir a la gente está en correlación directa con la forma como ellos se sienten para con ellos mismos.

La clave está en entender que, para irradiar carisma, usted tiene que ser respetado y desplegar respeto. El asunto es así de simple. Usted da y usted recibe. El respeto que usted se gana es el resultado de la combinación de la forma como usted se conduce en todos sus asuntos. La gente observa cómo interactúa usted con las demás personas, el respeto y el carácter que demuestra, y en consecuencia, habla de ello. Ellos perciben al instante el respeto que usted manifiesta en sus tratos. Otra palabra que entra en el cuadro es la palabra honorable. Demuestre honorabilidad y las otras personas confiarán en usted, le respetarán y le seguirán.

Una idea sencilla para implementar es ser agradecido por las cosas que otros hacen por usted. La gente siempre quiere hablar de dos cosas: sobre sí mismos, y sobre sus problemas. Si usted escucha cuando la gente le cuenta sus problemas o sus asuntos, ellos se mostrarán más comprensivos y respetuosos. La respuesta de ellos, a su vez, le ayudará a acrecentar el respeto entre las partes.

El respeto puede ser tan simple como los modales que su madre le enseñó cuando era niño. Este tipo de acciones son críticas en todas las relaciones, lo que incluye el lugar de trabajo, y afecta de forma considerable nuestra habilidad de mantener el carisma. ¿Demuestra usted aprecio por lo que otros hacen? ¿Se sienten bien las personas consigo mismas cuando usted está presente? ¿Qué trato desean las personas recibir en su lugar de trabajo? Es un poco de respeto. Desean sentirse empoderadas y ser recompensadas por el trabajo bien hecho. Están cansadas de la falta de estímulo, del favoritismo, de la crítica y de porqué nunca se les tiene en cuenta su opinión. Nunca critique a nadie frente a los demás, tampoco cuestione sus competencias, ni hable mal de sus enemigos. Si lo hace, la gente se preguntará qué es lo que usted dice cuando ellos no están presentes.

EL PUNTO CIEGO

Demostrar un poco de cortesía común no significa que usted esté dando a la otra persona verdadero respeto. No decir algo negativo o mezquino no siempre es demostrar respeto. Ese es el punto ciego. Usted piensa que está demostrando admiración, respeto o interés, pero la otra persona no lo percibe de esa forma. Ser cortés es el comportamiento apropiado, pero, ¿está transmitiendo respeto? El respeto puede ganarse un poco a la vez, pero se puede perder en un momento. Mostrar verdadero respeto implica a menudo olvidarse un poco de sí mismo. Asegúrese de que se le perciba como una persona respetuosa en todo momento.

LA APLICACIÓN

El respeto es algo que debe ser mutuo. Una vez usted lo manifiesta, lo recibe de vuelta. Y usted puede demostrarlo de muchas maneras. Aquí hay algunas cosas que usted va a empezar a implementar cuando esté interactuando con las personas:

- Sea siempre íntegro
- Sea cumplido
- Demuestre estabilidad a largo plazo
- Practique sus buenos modales constantemente
- Exprese su agradecimiento a otros

EL EJEMPLO

Uno de los líderes más respetados en los negocios hoy en día es Michael Dell, de computadores Dell. Mientras asistía a la universidad, inició un negocio de partes de computador en su alcoba. Llegó a tener tanto éxito que se retiró de la universidad a los 19 años y empezó una compañía que eventualmente se convirtió en Dell. Michael enfrentó algunas adversidades y una competencia intensa, pero su empresa se ha convertido en uno de los fabricantes de computadores más rentables del mundo. Michael Dell continúa siendo un gran filántropo. Irradia todas las cualidades del respeto. Ha obtenido innumerables premios. Se le ha elegido como el hombre del año y como el gerente del año. Cuando a uno se le elige como el mejor es porque la gente lo respeta.

LA CLAVE DEL CARISMA

El día de hoy practique el respeto con todas las personas que se encuentre. Demuéstreles lo importantes que son, sea que se trate de un recepcionista, el presidente de la compañía o la persona que hace la limpieza. Todas las personas a nuestro alrededor, pueden ayudarnos a alcanzar nuestras metas y a expandir nuestra influencia. La mejor manera de hacer esto es concentrarnos en hacer preguntas a las personas respecto a ellas mismas, y contestarles las preguntas que nos hagan. Demuestre sinceridad y respeto, y como recompensa usted recibirá a cambio eso mismo. No se queje por nada, y no critique a otros por lo que hacen o dicen. Estas cosas tan simples, demuestran interés por los demás.

Califique su respeto
Escriba su puntaje en la página 239.

0	1	2	3	4	5	6	7	8	9	10

Pobre	Débil	Promedio	Fuerte	Perfecto

RECURSOS ADICIONALES[12] (LAWSOFCHARISMA.COM)

- Artículos de apoyo
- Sección de audio "Cómo motivarse a sí mismo y a otros en todo momento".
- Hoja de trabajo

---

12   Nota del editor: Estos recursos están en Inglés.

SECCIÓN CINCO

DETONANTES SUBCONSCIENTES:
SÓLO SE SIENTE BIEN O MAL

FÁBULA: EL ZORRO EN EL HOYO

Cierto zorro estaba corriendo, saltando y jugando en un campo grande, disfrutando de uno de los últimos días del verano. Cuando saltó sobre una cerca cayó justo en un hoyo que un granjero había hecho para obtener agua. El granjero no había conseguido casi nada de agua pero dejó el hoyo sin cubrir. El zorro, lleno de pánico, saltaba una y otra vez intentando escapar de su nueva prisión, pero no lo lograba y se estaba sintiendo muy fatigado, a la vez que mojado. Entonces, otro zorro iba pasando y asomó su cabeza por el hoyo y le preguntó qué estaba haciendo.

"Oh", dijo el zorro en el hoyo, "¿no has escuchado? Va a haber una gran sequía y esta va a ser únicamente el agua que va a estar disponible en la tierra. Yo puedo dejar que te unas y así no sufras de la sequía. Salta ahora y serás salvado".

El segundo zorro pensó en la oferta, y sintió que algo no andaba bien. Otro zorro estaba diciendo que quería salvar su vida, pero todo lo demás indicaba que debía correr. "Ven acá", decía el primer zorro, "salta aquí, para que no mueras". El segundo zorro estaba planeando saltar desde la espalda del segundo zorro y así liberarse, dejando al otro zorro en su lugar. Entonces, el segundo zorro se asomó al hoyo y dijo, "Regreso más tarde y me uno contigo". Pero se alejó de allí, dejando al primer zorro abandonado.

MORALEJA

Cuando a la gente se le pide que haga algo, usualmente sigue a sus instintos. Cuando algo no suena bien, la gente se excusa, miente, se resiste o huye de la situación. ¿Qué tipos de sentimientos genera usted en los demás? ¿Le mienten a usted? ¿Confían en usted? ¿Les agrada usted o los repele?

Si usted quiere ser contado en el grupo de personas carismáticas, debe saber cómo leer a la gente y cómo lo leen ellos a usted. La mayoría de las personas no están muy entrenadas en el arte y la ciencia de la interacción humana y social. Simplemente experimentan sensaciones cuando están cerca de alguien; y estas sensaciones pueden ser positivas o negativas. Cuando usted interactúa con otras personas debe, no sólo cuidar de la primera impresión, sino también de todas las impresiones. La gente juzga a otros de forma consciente e inconsciente.

La sección final de este libro le enseñará a entender los detonantes subconscientes que determinan la forma como otras personas reaccionan ante usted y obtendrá gran confianza y carisma cuando aprenda, no sólo a leer a la gente, sino a detonar el tipo de sentimientos y estados de ánimo apropiados durante cada encuentro. Todo lo que usted haga y diga afectará las emociones de otros y la forma como ellos se sientan ante usted.

La mayoría de la gente piensa que si les damos a las personas toda la lógica, los hechos, y las cifras, todas las cosas van a resultar a nuestro favor. ¡Falso! Todos tenemos un lado lógico, pero los estudios demuestran que los seres humanos somos extremadamente emocionales. Nuestra mente subconsciente y nuestras emociones son factores que influyen poderosamente en nuestras decisiones y en la forma como reaccionamos y tratamos a otras personas. ¿Sabía usted que hasta el 95% de toda la influencia depende de los detonantes subconscientes?[13] Esto significa que las inclinaciones —"me parece bien", "me parece correcto", "no confío en esa persona"— se basan en reacciones emocionales y subconscientes. El 95% del pensamiento y del sentimiento emocional ocurre en la mente inconsciente sin que siquiera nos demos cuenta de ello. En otras palabras, nuestra percepción consciente de la realidad es el resultado de los detonantes que tenemos en nuestro subconsciente.

Un detonante subconsciente es un sentimiento que dice "Me gusta/no me gusta esta persona". Todo lo que usted haga o diga puede detonar una respuesta (buena o mala) en los demás. Puede tratarse de su selección de palabras, su tono de voz, sus gestos, o su apariencia. También puede ser la atmósfera, el efecto de la música, o el estado de ánimo de la audiencia. Cuando usted se hace carismático, está en condiciones de leer a las personas, de encontrar patrones en su comportamiento, y de saber qué tipo de emociones está generando usted en ellas. El comportamiento humano usualmente es predecible. Todos tenemos ciertos detonantes con los que reaccionamos ante las situaciones. El carisma a largo plazo depende de conocer esos detonantes y la forma como funcionan.

¿Comprende usted la importancia de entender por qué la gente hace lo que hace e introducirse dentro de sus mentes? ¿Qué piensan y sienten otras personas hacia usted? ¿Qué hay si usted supiera las

---

13 Joseph Sugarman, Ron Hugher, and Dick Hafer, *Triggers: 30 Sales Tools You Can Use to Control the Mind of Your prospect to Motivate, Influence and Persuade* (Delstar Pub, 1999), p. 9.

preguntas y las objeciones que surgen en sus mentes? ¿Qué hay si usted supiera lo que verdaderamente los motiva? ¿Qué hay si usted pudiera determinar si le están diciendo la verdad o le están mintiendo? A medida que consideremos el tema de los detonantes subconscientes, comprenda que, como seres humanos, dedicamos poco tiempo a analizar el constante bombardeo de información que hay a nuestro alrededor. No tenemos tiempo para procesar todo, así que desarrollamos esos atajos mentales. Tendemos a seguir a nuestros sentimientos, aun cuando no admitamos que lo hacemos. Siempre tendemos a responder de acuerdo a nuestros instintos y a nuestra intuición, y a otras emociones basándonos en los detonantes subconscientes que responder basándonos en la lógica y en el razonamiento. Simplemente queremos sentirnos bien con respecto a las cosas. Somos seres emocionales, tomamos decisiones en nuestro subconsciente, y tenemos una pizca de lógica.

A medida que usted desarrolle el carisma, va a comprender que la mayoría de su influencia ocurre a un nivel por debajo del pensamiento consciente. Cuando usted le pregunta a otros por qué piensan que una persona es carismática, va a recibir muchas respuestas estándar, pero la realidad es que ellos simplemente sienten el carisma. Este conocimiento le permitirá a usted influir en otros y hacer que adquieran el estado mental apropiado.

Estaremos considerando las cinco categorías de los detonadores subconscientes:

- *Verbales:* palabras, velocidad e inflexión
- *No verbales:* gestos, uso del espacio y movimiento
- *El estado:* las emociones, el ánimo y los sentimientos
- *La apariencia:* la ropa, los accesorios y la atracción
- *Los detonantes que alejan:* lo que hace que haya resistencia

CAPÍTULO 31

LA COMUNICACIÓN VERBAL:
ES LA FORMA COMO
USTED LO DICE

Los seres humanos evaluamos a otros por su voz. Si alguien suena inseguro o tímido o arrogante o exigente, su habilidad de desarrollar carisma se va a ver afectada. Su voz es su tarjeta de presentación. Por lo tanto, debe transmitir confianza, coraje y convicción. Las voces carismáticas tienen un volumen apropiado, presentan variaciones en el énfasis, poseen buena articulación y un tono agradable. A nivel del subconsciente, su voz puede acercar o alejar a su audiencia.

¿Qué produce su voz en la gente? ¿Utiliza usted palabras que alejan a otros? La forma como expresa las palabras y la manera en que las pronuncia, puede crear energía y entusiasmo. Las palabras correctas cautivan a su audiencia y las palabras equivocadas la alejan. Las palabras correctas en el tono correcto ayudarán a crear una conexión fuerte y usted llegará a ser una persona más influyente. Si desea acrecentar su carisma e influir en otros, su voz deberá ser interesante y fácil de escuchar.

Cuanto más sepa sobre la comunicación verbal, mejor acrecentará su carisma y mantendrá su influencia. Las palabras que usted utiliza impactan en las actitudes, las creencias, y las emociones de otros. La gente carismática entiende la importancia de utilizar un leguaje que evoque pensamientos vívidos y sentimientos que estimulen a la acción. Yo asumo que usted conoce los aspectos básicos de su idioma pero deberá esforzarse por aprender a utilizarlo de forma que resulte en una ventaja. Usted deberá hacerse más adaptable, estar en capacidad de personalizar su influencia para hacerse entender de una manera más fácil ante los demás.

A fin de tener una comunicación verbal efectiva usted necesitará dominar correctamente los siguientes criterios:

1. *Selección de palabras:* cada palabra que usted dice tiene un impacto en su carisma. Las palabras ayudan a crear pensamientos, sentimientos y actitudes hacia un determinado asunto o persona. Cuando usted domina el uso correcto de las palabras, se hace más creíble y convincente. Cuando no lo hace, repele a las personas y es percibido como débil e ineficiente. Las palabras y el lenguaje apropiado varían de contexto en contexto, de persona en persona, y de situación en situación. Un sólo conjunto de palabras pudiera no satisfacer las necesidades de cada ocasión. La selección de palabras apropiadas apaciguan situaciones emocionales y hacen que la gente acepte su punto de vista, y todo ello ayuda a acrecentar su carisma.

2. *Velocidad del habla:* los discursos presentados a una velocidad rápida suelen ser catalogados como más influyentes y carismáticos que aquellos que se dan a una velocidad lenta o moderada, y ello se debe a que la gente que habla más rápido se percibe como más competente y experta. Cuando su velocidad promedio es rápida, la gente presta más atención a lo que usted dice, y tiene menos tiempo de pensar en otros asuntos. Obviamente, necesitará variar

la velocidad de su presentación, de lo contrario quienes lo escuchan se pondrán tensos y se desconectarán. Tenga cuidado si su velocidad es siempre rápida sin tener variaciones; se le percibirá como menos sincero y más centrado en sí mismo. Disminuya la velocidad cuando tenga algo importante o serio para decir, o cuando desee dar un toque de mayor notoriedad. Incremente su velocidad cuando desee trasmitir ánimo y energía. En un encuentro con alguien, ajústese a la velocidad de la otra persona, y luego aumente su velocidad dentro de la presentación.

3. *Muletillas:* es posible que las esté utilizando y no lo sepa. La mayoría de las personas piensan que no tienen problemas de muletillas, pero se equivocan. ¿Sabe a lo que me refiero? Estamos hablando de expresiones como "umm", "eh", "ah", y hasta frases como "ustedes ya lo saben". Este tipo de expresiones llegan a destruir el buen efecto de una presentación, irritan a la gente, afectan su credibilidad, y pone tensos a quienes le escuchan. Es posible que una que otra muletilla aquí o allá no represente gran problema, pero muchas personas tienden a violar la regla excesivamente. Usted probablemente ha escuchado cuando hay quien tiene su propia manera distintiva de llenar los espacios de silencio entre los pensamientos. A veces les escuchamos decir las primeras dos o tres palabras de la siguiente frase hasta que se conectan. Otros tienden a decir "okey", o "¿de acuerdo?" al final de cada frase, como si estuvieran comprobando si aún estamos escuchando. Esfuércese por eliminar todas las muletillas en su comunicación verbal.

4. *Entonación e inflexión:* la entonación es el nivel de la frecuencia de su voz. Cuando su tono de voz es alto, se considera que usted está nervioso, excitado o se siente vulnerable. Una entonación más baja se considera que demuestra fortaleza, confianza y convicción. Una entonación más baja

se considera más creíble, sincera y digna de confianza. La entonación es lo primero que evaluamos cuando hemos de decidir si la voz de una persona es agradable o irritante. El variar el tono de la voz hace que quienes escuchan estén más alerta y atentos y que no sonemos monótonos. La inflexión es cuando se altera la elevación o el tono de la voz. Usted habrá notado que las personas influyentes hacen inflexiones en su voz para demostrar confianza o autoridad. Por lo general, al final de las frases hacen una inflexión en descenso. Escuche la inflexión de su propia voz. La mayoría de las personas que no demuestran confianza o que demuestran duda tienden a hacer una inflexión ascendente al final de sus frases.

5. *Volumen:* este aspecto del habla es fácil de entender, pero con frecuencia se abusa de él. Sólo hay tres opciones: demasiado bajo, demasiado alto, o apropiado. Si su audiencia no le puede escuchar, o tiene que esforzarse por escucharlo, van a darse por vencidos en cualquier momento, y va a ser muy difícil conservar el carisma y ser influyente. Por otra parte, algunas personas tienden a gritar o hablar con un volumen muy alto, lo que causa mucha tensión. Ubique a alguien al fondo de la sala para evaluar su volumen, o pregúntele a un amigo que se encuentre al otro lado del teléfono si su volumen es bueno. Levantar el volumen para lograr un mayor impacto en lo que dice no es tan eficaz como disminuir el volumen de su voz. Cuando usted desee que su audiencia se incline hacia delante y escuche, hable un poco más bajo.

6. *Articulación:* cuando usted esté hablando a alguien o dando un discurso, articule cada palabra y cada frase. Una presentación clara y coherente irradia congruencia. La buena articulación trasmite competencia y credibilidad. Hasta un poco de articulación descuidada sugiere

falta de educación o pereza. Otra buena razón para tener una buena pronunciación es que simplemente hace más fácil al auditorio seguirle, prestar atención a su mensaje y entenderlo. Cuando la gente entiende su mensaje con facilidad, se muestra más dispuesta a seguir su mensaje y logra percibir su carisma.

7. *Silencio:* ¿Hace parte de la comunicación verbal el silencio? ¡Por supuesto! Una pausa bien hecha capta la atención de su audiencia. Ellos sentirán que algo importante va a ocurrir. Las pausas permiten que nuestra audiencia se prepare mentalmente para lo que viene o para lo que se desea enfatizar. Utilice intencionalmente las pausas para destacar los temas que considere más importantes. Una pausa bien hecha no solamente aumenta la comprensión, sino que también nos permite reorganizar nuestros pensamientos. Utilice las pausas para crear atención, dar énfasis y afectar el estado de ánimo. Cuando se acerque a la pausa, asegúrese de mantener su entonación un poco alta; esto crea suspenso y anticipación para lo que sigue. Por el contrario, hacer una entonación descendente puede derrotar el propósito de la pausa y crear una sensación de resolución en vez de suspenso.

PARA LLEVAR

¿Obra su voz a su favor o en contra? Dado que su voz transmite muchos matices, sentimientos, y estados de ánimo, le recomiendo grabarla y examinarla. Yo sé que hacerlo resulta un poco doloroso, pero el ejercicio vale la pena. ¿Qué proyecta su voz? ¿Suena usted atrayente y convincente? Sin importar el mensaje, evalúe su entonación, su velocidad, su volumen, su tono y su articulación. El uso eficaz de la variación en la voz retiene la atención de quienes escuchan. Si no le gusta lo que escucha, respire profundo y encuentre una solución. A muchas personas no les gusta su propia voz. Asegúrese que está escuchando para revisar aspectos específicos que a usted no le agradan, en vez de generar una reacción generalizada de que no le gusta su voz. Concéntrese en los aspectos específicos que le gustaría cambiar y a continuación haga mejoras, una a la vez. Una grabadora digital de mano puede convertirse en su mejor entrenador.

CAPÍTULO 32

LA COMUNICACIÓN NO VERBAL: *LOS GESTOS DERROTAN LAS PALABRAS*

Para cautivar e hipnotizar a sus audiencias, la gente carismática se expresa positivamente de formas no verbales. Durante cada encuentro, la gente carismática está pendiente de cuáles gestos utilizar y cuáles no. Sus gestos son espontáneos, pero son bien planeados y practicados. Asegúrese que sus gestos son positivos y que se perciben como naturales y significativos.

La gente carismática no sólo utiliza sus ademanes no verbales de la forma correcta, sino que también tiene la habilidad de leer e interpretar los gestos no verbales de otros. Cuando usted logra leer a la gente de este modo, recibe la información necesaria para ajustarse a sí mismo y a su presentación con base en lo que está leyendo. Cuando se hace consciente de su propio lenguaje corporal y lo ajusta correspondientemente, crea afinidad y simpatía al instante. Usted también crea detonantes subconscientes positivos. En contraste, si no sabe controlar su lenguaje no verbal, pudiera ser percibido como si estuviera incómodo, nervioso o sin control.

Examinemos las diferentes partes del cuerpo y consideremos cómo se perciben los diferentes gestos, ya sea de forma positiva, negativa, o como si se tratara de un engaño. Recuerde que usted está observando grupos de indicadores, es decir, dos o tres de estos mensajes no verbales ocurriendo al mismo tiempo. Una señal no verbal por separado no necesariamente define lo que esté sucediendo.

LOS OJOS

Asegúrese que hay suficiente luz para que su audiencia vea sus ojos. Nunca utilice gafas cuando esté intentando obtener carisma e influencia. En cuanto a leer a su audiencia, lo ojos suministran montañas de información. Cuando usted aprenda a leer los ojos, sabrá detectar un engaño o determinar lo que la otra persona está sintiendo. Cuando alguien está intentando engañar, es posible que presente las siguientes señales en sus ojos:

- Disminuye o aumenta el contacto visual
- Aumenta la velocidad del parpadeo
- Las pupilas se dilatan

LAS MANOS

Las manos son un gran indicador de lo que otros piensan y sienten y de cómo le perciben otras personas. Apretar las manos en el puño afecta su presencia y su mensaje porque es una indicación de agresividad, mal humor o tensión. Si usted permanece de pie con sus manos cerca o alrededor de su cuerpo, significa una posición cerrada y no abierta hacia las personas. Si usted coloca las manos planas en una mesa o frente a usted, usted puede estar enviando la señal de que está de acuerdo. Por otra parte, colocar las manos sobre la cadera puede expresar dominación o desafío. Cuando alguien está intentando engañar, es común que presente los siguientes síntomas en sus manos:

- Los movimientos disminuyen
- Oculta partes de su rostro con sus manos
- Las manos se hacen sudorosas

LAS PIERNAS

Las piernas de una persona apuntando en dirección hacia usted con frecuencia indican interés. Por otra parte, si los pies apuntan en otra dirección, habrá perdido a su interlocutor. Las piernas cruzadas cuando la persona está de pie significan que la persona se siente intranquila o incómoda. Mover el pie significa que la persona desea que usted deje de hablar o es una señal de aburrimiento. Cuando la persona se sienta sobre una de sus piernas puede ser una indicación de que se siente cómoda en su presencia y de que está disfrutando la visita. Cuando alguien está intentando engañar, puede presentar los siguientes síntomas en sus piernas:

- Entrecruza y suelta las piernas
- Mueve o golpetea las piernas
- Esconde los pies bajo la silla

BRAZOS Y HOMBROS

Tal como ocurre con los pies, si los hombros de la otra persona están alineados con sus hombros, usted ha hecho conexión con ella. Cuando hay un grupo de personas de pie juntas y si hay conexión entre ellas, la alineación de los hombros tenderá a asemejar un círculo. Los brazos cruzados tienden a ser una señal de rechazo. Si la gente empieza a recoger o estirar los brazos (o manos) están empezando a sentirse nerviosos. Si usted ve que un hombro se encoge, eso es señal de desconexión. Cuando alguien está intentando engañar, puede presentar los siguientes síntomas en sus brazos o en sus hombros:

- Cruza los brazos
- Los hombros van en otra dirección
- Los hombros se encogen

LA CABEZA

La cabeza es también un gran indicador de lo que ocurre dentro de una persona. Esta es la parte del cuerpo que la gente tiende a controlar más porque es la parte corporal de la cual están más conscientes. Cuando la cabeza de la persona se empieza a inclinar ligeramente usted está empezando a ganar la atención de la persona. (Los animales hacen esto cuando intentan obtener más información). El apoyar la cabeza con las manos puede significar que usted ha perdido conexión y pudiera ser una señal de falta de interés. Cuando la gente se pone nerviosa, fluye más sangre a su cabeza, y usted verá que la persona incrementa el tocar cualquier parte de su cabeza, ocurren cambios en el color de la piel y aumentan o disminuyen sus movimientos. Cuando alguien está intentando engañar, puede presentar los siguientes movimientos con su cabeza:

- Empieza a morderse los labios
- Tiene la boca seca
- Las orejas o la nariz se ponen rojas

EL CUERPO

La cantidad de movimiento es un gran indicador. Cuando dos personas se conectan, los movimientos aumentan. Cuando hay desconexión, el movimiento físico es mínimo. Los ademanes y los movimientos del cuerpo disminuyen cuando se pierde la conexión entre las personas. Cuando usted hace sentir a alguien nervioso, observará que hay un cambio en su postura. Observe su espalda. Inclinarse o acercarse puede ser una señal de desconexión. Si el cuerpo o sus caderas apuntan a su dirección, usted está empezando a hacer conexión. Cuando alguien intenta engañar, observe el desempeño de su cuerpo en lo siguiente:

- Su respiración aumenta
- Hace más movimientos mecánicos
- Se mueve hacia atrás

EL CONTACTO

El contacto es un detonante no verbal poderoso que puede favorecer o afectar su habilidad de conectarse con la gente porque a la mayoría de las personas les gusta tener algún tipo de contacto. También se necesita ser conscientes y cuidadosos con un porcentaje pequeño de la población a quienes no les gusta tener ningún tipo de contacto físico. En la mayoría de los casos, sin embargo, el contacto logra que la gente se ponga en un estado relajado y la hace más receptiva a las ideas.

Tener contacto no significa aferrarse a la gente. Estamos hablando de un tipo de contacto con el brazo, los hombros, la espalda o las manos de las personas que no resulta amenazador en ningún sentido. El contacto nos da un sentido de aprobación y aprecio.

En un sólo ejemplo de contacto, sin embargo, la mayoría de las personas pueden establecer o romper la conexión. Nos referimos al apretón de manos. La forma de estrechar las manos llega a crear un detonante en la forma como la gente le recuerde. El apretón de manos cuenta una historia respecto a usted. Puede constituir una primera impresión que dure para siempre. Con un buen apretón de manos se logra hacer que la persona se sienta apreciada y conectada con usted. Aún así, muchas personas se rehúsan a dar un apretón de manos. Hasta una pequeña renuencia hacia estrechar las manos puede atenuar su habilidad de hacer amigos. Asegúrese de estrechar las manos de la forma correcta. Cada apretón de manos que usted dé, debe ser ligeramente diferente. Aprenda a emular el apretón de manos de la otra persona y adáptese a cada persona, cultura y situación.

¿Cuáles son las quejas más frecuentes cuando de estrechar las manos se trata?

- Demasiado fuerte
- Demasiado débil
- Movimiento excesivo de manos
- Manos sudorosas
- Los dedos quedan estrujados
- Manos frías

¿Cómo se da un buen apretón de manos?

- Hombros alineados
- Fuerzas equivalentes
- Levantarse si está sentado
- Contacto visual y una sonrisa sincera
- Tres o cuatro movimientos
- Mano totalmente extendida

PARA LLEVAR

Practique leer a las personas en todo tipo de situaciones. Disminuya el volumen de la televisión para tener una mejor idea de cómo interpretar el lenguaje corporal. Hágase más consciente de cómo interpretar su propio lenguaje corporal y su comportamiento no verbal. Aprender a interpretar el lenguaje corporal implica esfuerzo, pero la recompensa vale la pena. Tome nota de los gestos que se indican a continuación. Luego, implemente los conectores y disminuya el uso de desconectores.

Indicaciones no verbales de conexión:

- Cabeza ligeramente inclinada hacia delante
- Cabeza que empieza a asentir
- Postura relajada
- Cuerpo inclinado hacia delante
- Se empieza a sonreír

- Aumento en el contacto visual
- Imitación de los movimientos
- La otra persona le toca a usted
- Palmas de las manos abiertas
- Piernas sin cruzar

Indicaciones no verbales de inicio de desconexión:

- Las manos van hacia la cabeza
- Se empieza a sudar
- Los hombros no están alineados hacia usted
- Postura rígida
- Los movimientos se hacen mecánicos
- Cruce de brazos
- Cruce de piernas
- Se muerden los labios
- Las orejas se ponen rojas
- La persona empieza a frotarse la nariz

CAPÍTULO 33

LOS ESTADOS EMOCIONALES: CÓMO ENTENDER LOS SENTIMIENTOS Y LOS ESTADOS DE ÁNIMO

La gente carismática sabe que hay una división muy fina entre la lógica y las emociones. Para poder influir en alguien usted deberá tener estas dos cualidades, pero siempre tenga en cuenta que las emociones anulan la lógica todo el tiempo. Si usted desea ser más carismático, deberá construir un argumento lógico, pero deberá comprender la forma como funcionan las emociones. Muy pocos comprenden cómo las emociones, los sentimientos, los detonantes subconscientes y los estados de ánimo, afectan a las otras personas y a la habilidad de mantener el carisma y la influencia.

La lógica tiende a ser temporal, mientras que las emociones implican mayor proyección en el tiempo. Las emociones nos inspiran a emprender la acción, mientras que la lógica justifica las acciones. Muchas personas no pueden distinguir la diferencia entre la lógica y las emociones. Hasta identificar las emociones que una persona experimenta en un día puede resultar difícil. La gente no puede predecir las emociones que va a experimentar, cuánto tiempo van a durar, y cuán fuertes serán. La gente simplemente siente si usted o su mensaje les hacen sentir bien o no. Su meta, sin embargo, es hacer un cambio en el estado emocional de los demás si percibe que este va en su contra, o mantenerlo si se da cuenta que le está funcionando.

Los estados de ánimo afectan todo aspecto de nuestro ser y la mayoría de veces no estamos conscientes que estos afectan nuestra forma de pensar, nuestro juicio y nuestra disposición a recibir la influencia de otros. Piense en ello: hay momentos en los que usted está más predispuesto a ser influenciado y otros en los que se resistirá sin más. Cuando las personas en las que usted está intentando influir están en un buen estado de ánimo, su labor se hará más fácil. Lo opuesto también es cierto. Si la gente se encuentra en un mal estado de ánimo, tiende a aumentar su resistencia, haciéndose más difícil de influenciar. La gente carismática puede crear el estado de ánimo correcto en el momento justo. Pueden poner a las personas en un estado mental de felicidad. Cuando la gente es feliz, tiende a pensar de forma más positiva y a recuperar de su mente recuerdos positivos. Cuando la gente se encuentra en un estado mental negativo, tiende a tener ideas negativas y a recordar hechos negativos.

Su habilidad para cambiar el estado de ánimo de las personas y de manejar las emociones es un factor crítico en lo relacionado con mantener el carisma. ¿Encajan las emociones de ellos con su mensaje? ¿Están las emociones favoreciendo o afectando su habilidad para influir en ellos? El estado de ánimo de ellos ¿le resta poder a su carisma? ¿Está usted tratando con alguien que puede cambiar el estado de sus emociones rápidamente y sorprenderlo negativamente? Examinemos algunas emociones comunes y lo que estas significan a la hora de influir en otros.

EMOCIONES QUE LE RESTAN PODER A SU CARISMA Y DISMINUYEN SU HABILIDAD PARA INFLUIR EN OTROS

El enojo

El enojo también se conoce como una emoción secundaria y es una indicación de que algo anda mal. En otras palabras, la razón por la cual las personas dicen estar enojadas y la razón real por la cual están enojadas usualmente son dos cosas diferentes. Usted puede reducir el enojo de las personas si descubre la razón real de este. Pídale a la persona su ayuda, su opinión o su consejo. Esta solicitud usualmente disminuye el enojo y hasta en ocasiones ayuda a cambiar el estado de ánimo. Nunca intente utilizar el enojo para conseguir algo o evocar una reacción. Esos intentos por lo general se vuelven contraproducentes.

La preocupación

Cuando alguien está preocupado con algo que está ocurriendo ahora o que puede ocurrir en el futuro, su habilidad para influir en esa persona disminuye. La preocupación hace que la gente se sienta nerviosa, inquieta o ansiosa. La preocupación puede verse como la visión negativa del futuro. Usted puede, por lo tanto, ayudar a su audiencia a regresar a la realidad, al presente. La preocupación se desvanece cuando uno logra sustituir las imágenes negativas con imágenes positivas. Otra manera de disminuir la preocupación es mediante ayudar a su audiencia a tomar una decisión. Las preocupaciones disminuyen cuando se toman decisiones.

El temor

El temor es ansiedad o tensión causados por un sentido de peligro o aprensión. La posibilidad de sufrir daño es ser real, pero el sentimiento usualmente es el resultado de una imaginación exagerada. El temor es útil porque hace que nos alejemos de circunstancias desagradables o de ciertos peligros. La lógica rara vez nos ayuda a reducir el temor. La clave de entender el temor es reconocer que lo hemos adquirido de una experiencia pasada. Recuerde que el temor es algo muy real para las personas. Asegúrese que cuando ellos manifiestan temor usted les presente una solución. Por lo tanto, su trabajo es ayudarles a sentir que son capaces de vencer su temor; así usted aumentará su capacidad de extender su influencia sobre ellos.

FACTORES EXTERNOS QUE AFECTAN LAS EMOCIONES

Ahora que usted entiende unas cuantas emociones críticas, necesitamos hablar de los factores externos que cambian la percepción de las otras personas sobre usted o sobre su entorno. Los factores externos afectan las percepciones, los estados de ánimo y las emociones. Este fenómeno no es algo que su audiencia sepa cuantificar. Aprendamos sobre cómo se cambia el estado de ánimo y la forma como se sienten los demás.

La música

La música está muy estrechamente ligada a nuestras emociones y sentimientos. Usted probablemente recuerda esa canción que bailó en la fiesta de despedida con su enamorada de la secundaria. De inmediato usted se transporta y siente las mismas emociones. La música tiene un efecto poderoso y detona estados de ánimo y recuerdos de inmediato en nosotros. Tomemos nota del hecho de que la música detona sentimientos buenos o malos y traer a la memoria recuerdos buenos o malos. La música puede arrullarlo a uno para dormir, infundirle más energía, hacerle sentir más romántico, o hasta querer golpear a la persona que se encuentra a su lado.

El olor

Nuestro sentido del olfato evoca recuerdos y estados de ánimo de forma más rápida que la música. El olor correcto puede hacerlo sentir a uno cómodo y como si hubiera sido amigo de la persona que acaba de conocer por mucho tiempo. El olor incorrecto puede producir todo lo contrario. Puede repeler a otros y hacerles sentir incómodos. Puede hacer que otros nos rechacen y que no quieran estar a nuestro lado. Una de las quejas comunes respecto al olor es el uso excesivo de perfumes y colonias. ¿En realidad cree usted que necesite tanto? Usted desea oler bien, pero no necesita tanto perfume (al menos en el mundo de los negocios). Un olor extraño puede hacer que alguien se ponga en el estado de ánimo incorrecto y puede impedir que reciba influencia de otros.

Los colores

Los colores son más importantes de lo que usted cree. Los colores pueden detonar un estado de ánimo, un sentimiento o una actitud. Esto ocurre a nivel subconsciente; no nos damos cuenta cuando ocurre. La reacción ante los diferentes colores puede variar de cultura en cultura, no obstante los colores son muy poderosos. Las compañías invierten miles de millones todos los años sólo para decidir sobre los colores que tendrán sus nuevos productos. Todos tenemos detonantes automáticos así como asociaciones y sentimientos ocultos relacionados con el color. Los colores tienen un impacto en nuestra forma de pensar y en nuestras reacciones. Aprenda a escoger los colores correctos según el estado mental y la experiencia que desee crear.

PARA LLEVAR

Adquiera una mayor comprensión de cómo su entorno y estímulos externos le pueden favorecer o afectar su habilidad para mantener el carisma y ser más influyente. Cuando logre dominar esta habilidad, estará en condiciones de producir los sentimientos, las emociones y la respuesta deseada en su audiencia. Usted puede aprender a crear la experiencia que desee y ayudar a las personas a su alrededor a sentirse más abiertas, más cómodas y más dispuestas a recibir su influencia.

CAPÍTULO 34

LA APARIENCIA FÍSICA:
NO JUZGUE (¡ASÍ ES!)

¿Importa la apariencia física? A todos se nos enseña a no juzgar por la apariencia, pero es algo que todos hacemos. El buen concepto sobre su apariencia incrementará su carisma e influencia, y el mal concepto obrará lo contrario. ¿Se ve usted atlético, alto, gordo o en buena forma? Siempre se ha asociado el aspecto físico con el carisma. La forma y la apariencia de su rostro y de su cuerpo afectan la percepción de usted. Todo aspecto de su apariencia influye en la forma como otros lo juzgan. Yo sé que esto no es justo, pero es hora de enfrentar la realidad.

Aquí hay algunas cosas que sabemos sobre la apariencia física:

- Los rostros de los adultos con facciones de bebé son considerados como honestos
- El exceso de peso disminuye la credibilidad
- Las frentes grandes aumentan la percepción de inteligencia
- Los cortes de cabello anticuados disminuyen la afinidad
- La gente más alta es más creíble y cuenta con una medida mayor de poder
- El vello facial disminuye la confianza

- La postura descuidada hace que la gente se desconecte de usted
- Las orejas más grandes de lo habitual disminuyen la percepción de inteligencia
- Las personas con dientes blancos son consideradas como más atractivas

Su apariencia es juzgada tanto por las características positivas como negativas. Los rasgos positivos hacen que la gente aumente su percepción favorable de usted. Cuando usted tiene una apariencia agradable, la gente inmediatamente le asocia con cualidades como la confianza y la inteligencia. Algo interesante es que usted no querrá verse demasiado perfecto o bien parecido o bonita. Si usted se muestra extremadamente atractivo o atractiva, puede resultarle difícil conectarse con las personas, porque la gente puede sentirse demasiado lejos de sus ligas. Las pequeñas falencias físicas de alguna manera nos hacen sentir más conectados con las personas. Aquí no estoy sugiriendo hacer destacar las irregularidades, estoy hablando de cosas pequeñas como un poco de calvicie, una pequeña cicatriz, y hasta una nariz un poco grande. ¿Qué es lo que se juzga?

- La apariencia general
- El peso
- El arreglo personal
- El cabello
- Los accesorios
- La ropa

Usted puede incrementar el carisma mediante la apariencia física de varias maneras. La simpatía radica en algunas cosas sencillas a las cuales la mayoría de las personas dan poca atención, como estar en forma, cuidar de su peso, escoger el tipo de ropa adecuada, el prestar atención a los accesorios y tener un corte de cabello agradable. Mantenga presente el estilo. Los estilos cambian con mucha rapidez, y si ignoramos la moda del momento, nuestra habilidad para desarrollar carisma se puede ver afectada.

LA ROPA

¿Qué le dice usted a la gente por la forma como viste? A muchas personas no les importa mucho la forma como visten y la apariencia que tienen, y ese desinterés dice mucho de ellas, así como dice mucho cuando una persona dedica atención desmedida al tema del arreglo. La ropa aumenta o disminuye nuestra credibilidad y nuestra capacidad de influir en otros. ¿Necesita usted un sastre? ¿Necesita usted un consultor? ¿Se está apegando usted a un estilo que ya no se usa? El tipo de ropa equivocada le resta carisma. Si usted está fuera de onda, ¿por qué debería alguien prestarle atención? Usted no tiene que estar a la vanguardia en su estilo, pero su ropa nunca debe detraer de su apariencia. Preste atención a las tendencias y a las expectativas de su audiencia. Asegúrese de que su ropa es cómoda y que le hace sentir bien (mental y físicamente). Cuando usted se ve bien, se siente bien.

MÁS ALLÁ DE LA APARIENCIA

Tal vez usted no pueda cambiar mucho la forma como se ve, pero puede prestar cuidadosa atención a su entorno inmediato, como por ejemplo, su oficina, sus accesorios y sus símbolos externos. Los objetos externos y los accesorios también inciden en la percepción de las personas, en su autoridad y en su carisma. Asegúrese de revisar su entono y ver si está enviando el mensaje correcto: el tipo de reloj que usa, el maletín o bolso que carga, los objetos en su escritorio, y hasta el tipo de gafas que usa. ¿Demuestran brillo sus zapatos o están opacos? ¿Tienen un estilo moderno o son anticuados? ¿Qué tan profesional es su sitio web, sus tarjetas comerciales, sus membretes y la decoración de su oficina? ¿Qué ve la gente cuando visita su oficina? ¿Es limpia y organizada? ¿Tiene una apariencia profesional?

PARA LLEVAR

Es posible que usted piense que la gente no esté siendo justa cuando le juzgan sobre factores más allá de su carácter, su competencia y su mensaje. Usted no puede controlar muchas de estas cosas, pero piense en el futuro y arregle las cosas que sí puede arreglar. Comprenda que nadie puede cambiar 100% las cosas de las que habla este capítulo. Sin embargo, cuanto más pueda cambiar o arreglar, mayor carisma desarrollará. El día de hoy escoja algo que pueda cambiar o ajustar. Cambiar aunque sea una sola cosa mejorará su imagen y su apariencia e incrementará su habilidad para influir en otros.

CAPÍTULO 35

CÓMO SE REPELE
A LAS PERSONAS:
NO LAS ALEJE

¿Repele usted a las personas? La mayoría de la gente diría que no, aunque muchos de nosotros hacemos cosas para alejarlas. Sin duda usted ha conocido gente que se ha comportado de la forma equivocada. Lo han alejado, y a usted no le gusta ese tipo de personas, ni quiere estar cerca de ellas. Usted probablemente nunca les dijo que actuaron mal, ni les expresó la forma como le hicieron sentir. Usted simplemente se retiró con el deseo de no volver a verlas nunca más. Cuando usted repele a las personas, no puede tener mucha influencia sobre ellas, y ellas no pueden verlo a usted como alguien carismático. ¿Qué además o cosa hace usted para alejar a las personas y reducir su carisma? Piense en esto, ¿se ve usted nervioso, decepcionado o tenso? La gente carismática ayuda a otros a relajarse y a estar tranquilos.

Usted pudiera estar ofendiendo y disgustando a las personas sin siquiera darse cuenta de ello. Tal vez usted piense que está siendo amigable y que está demostrando interés, pero está haciendo cosas que repelen a otros. Yo no estoy aquí para halagar a nadie: en mis estudios, con frecuencia hablo con las personas después de que alguien ha intentado conectarse con ellos o influir en ellos. Ellos no se quejan ante la persona, se quejan conmigo sobre cosas que la persona está haciendo y que ni siquiera está consciente de que las está haciendo. Es posible que la gente sea agradable al no decírselo, pero no saber lo que uno hace para repeler a otros nos cuesta dinero y afecta nuestro carisma.

Estas son algunas de las cosas que pudiera estar haciendo para repeler a otros:

- *Hablar demasiado:* puede ser una ventaja tener la habilidad de charlar y de entablar conversaciones con la gente; pero tenga cuidado. ¿Cómo va a poder influir en otros si siempre está hablando? Puede resultar muy incómodo para su audiencia si ellos sienten que a usted le gusta escucharse a sí mismo, más que querer escuchar sus deseos, necesidades o preocupaciones.

- *Demostrar cuánto sabe:* en muchas ocasiones, por nuestra impaciencia de querer impresionar a nuestra audiencia con nuestro conocimiento y sabiduría, terminamos haciendo una lista incontable de razones por las cuales ellos deberían hacer lo que queremos que ellos hagan. Cuando uno explica todas sus razones o persuade en demasía, no le deja a su audiencia lugar para hacer preguntas ni para tomar una decisión. Usted es percibido como impositivo, agresivo e insoportable.

- *Hacerse amigo demasiado rápido:* atrás quedaron los días de buscar una excusa para aparecerse en la oficina de alguien para entablar amistad. La gente detecta de inmediato la intensión de volverse amigo demasiado pronto, y eso usualmente se vuelve contraproducente. Las investigaciones demuestran que la mayoría de las personas no aprecian las charlas no solicitadas, y hasta lo consideran ofensivo. La gente le compra a quienes entienden sus necesidades y deseos.

💥 *Ponerse cómodo demasiado rápido:* usted desea sentirse cómodo para que la otra persona se sienta cómoda. Quizás usted sólo quiera llegar a conocer a la persona, pero lo que está haciendo es alejándola. Cuando usted toca las cosas que están sobre su escritorio, cambia de lugar algo especial o hasta se sienta en su silla favorita, usted crea resentimiento. Demuestre respeto por las cosas de las personas y ellos a su vez le respetarán a usted.

💥 *Muy anticuado:* ¿Se le percibe a usted como alguien de la vieja escuela que utiliza técnicas que han caído en desuso? ¿Utiliza usted esas técnicas de cierre que debieron haber sido prohibidas hace años por ser tan acartonadas? Otra forma de desconectarse se relaciona con la forma de manejar las objeciones, haciéndolas a un lado con frases y tácticas desgastadas. Usted ha escuchado la objeción antes, pero su manera de manejarla hace que se le considere como alguien arrogante o indulgente.

💥 *La proxémica:* es el estudio de la separación espacial. ¿Cuánto puede acercarse usted a una persona antes de que ella se sienta tensa o incómoda? La distancia que usted mantenga cuando intenta influir en alguien transmite un mensaje. Usted debe respetar el espacio personal o de lo contrario hará que los demás se sientan fastidiados. Cuando nos sentamos a la mesa o detrás de un escritorio, dibujamos líneas invisibles respecto a nuestro espacio personal percibido. Cuando se violan esas líneas territoriales invisibles, se crea tensión. Todos tenemos regiones o áreas donde les permitimos o les impedimos entrar a los demás.

PARA LLEVAR

Los siguientes errores son asesinos silenciosos del carisma. La mayoría de las personas nunca dirán nada ni le alertarán sobre el hecho de estar siendo repelidas. Se sentirán más cómodas mintiéndole para no herir sus sentimientos. Se retiran y nunca más vuelven a interactuar con usted. Este obstáculo es letal porque ni siquiera nos damos cuenta de que lo estamos haciendo. Esta es la lista de otras cosas que pudiéramos estar haciendo para repeler a las personas:

- Exagerar los detalles o los asuntos
- Hacer preguntas innecesarias
- Ser percibido como demasiado suave
- Discutir o intentar probar que se tiene la razón
- Insistir de forma que causa irritación
- Falta de entusiasmo
- Seguimiento deficiente
- Desplegar actitudes negativas
- Demostrar parcialidad con los hechos
- Aplicar tácticas de presión fuertes
- Exagerar la publicidad
- No ser sincero con la conectividad
- Mostrar alguna señal de engaño
- Hacerse sensible ante las señales de rechazo
- Presentar excusas flojas

RECURSOS ADICIONALES[14] (LAWSOFCHARISMA.COM)

- Artículos de apoyo
- Sección de audio "El estado de ánimo importa: Emociones que obstruyen la persuasión"
- Hoja de trabajo

---

14   Nota del editor: Estos recursos están en Inglés.

CONCLUSIÓN

FÁBULA: LOS HERMANOS PELEADORES

Había una familia que tenía sólo hijos varones. Estos pasaban casi todo el día peleando entre sí. Siempre habían competencias, y cada uno sentía que tenía que salir ganando la disputa. Los padres de estos muchachos intentaban hacer que sus hijos estuvieran en paz y que dejaran de pelear, ya que esto causaba angustia a todos, especialmente a los padres. El padre deseaba encontrar la manera de hacer que sus hijos trabajaran en armonía.

Cierto día las peleas y las disputas fueron mucho más intensas de lo habitual. Duraron todo el día y en la noche el padre estaba extenuado. Él sabía que tenía que hacer algo al respecto. Hizo que sus hijos formaran una fila en el patio trasero y les ordenó que se fueran al bosque. Les pidió que recogieran tantos pedazos de leña como pudieran y los trajeran de regreso a casa. Los hijos pensaron que ello era una competencia y se fueron corriendo al bosque a recoger la mayor cantidad de leña posible para traerla de vuelta a casa.

Cuando regresaron, quisieron ver quién había ganado la competencia, pero les sorprendió que su padre les pidiera que llevaran los atados de madera fuera. Quien pudiera quebrar su atado completo sería el ganador. Con todas sus fuerzas, los muchachos refunfuñaron, se quejaron e intentaron quebrar los paquetes, pero por supuesto nadie pudo lograrlo. Entonces el padre tomó el atado más pequeño y le dio a cada hijo un pedazo de leña.

El padre les pidió a los hijos que quebraran la vara individual de leña que tenían consigo. Todos lograron quebrarla con facilidad.

"Mis hijos", les dijo, "ustedes han aprendido dos lecciones valiosas el día de hoy. En primer lugar, si ustedes trabajan juntos como hermanos, van a lograr mucho más como equipo que como individuos. En segundo lugar, cualquier tarea que sea demasiado grande para cualquiera de ustedes, puede ser dividida en pequeñas tareas. Así entre todos la podrán completar".

MORALEJA

- Cuando usted se conecta con su carisma, atrae a mucha personas hacia usted. A medida que la gente se una a usted y cree equipos de trabajo, fomentará la sinergia y usted se hará invencible, tendrá un poder ilimitado y los recursos para alcanzar sus metas y hacer del mundo un mejor lugar. El punto en cuestión es simple: sabemos que cuando trabajamos juntos, podemos lograr más.

- Como conjunto, todo lo que usted ha aprendido en este libro, pudiera parecer abrumador si intenta ponerlo en práctica de una sola vez. Divida su contenido en tareas individuales, y domine una habilidad al día o incluso a la semana. Entonces, al final del mes, habrá completado una meta grande (el atado de leña) y así, tendrá un mayor dominio de las herramientas del carisma.

¿QUÉ SIGUE?

"Lo que aprendemos a hacer, lo aprendemos haciéndolo".

—**ARISTÓTELES**

"Lo que cuenta no es lo que usted va a hacer, sino lo que está haciendo".

—**NAPOLEÓN HILL**

El carisma es algo que se debe cultivar durante toda la vida. Tenga cuidado de no confundir la popularidad o en número de amigos que tenga, con el carisma. Aun cuando usted logre influir en la gente para que haga cosas, eso no significa que va a poder influir en ellos a largo plazo. Usted nunca va a lograr dominar completamente esta habilidad crítica de la vida —es una cualidad que se debe perseguir y cultivar siempre. Así que continúe desarrollando su carisma. Cuanto más aprenda, mayor éxito tendrá.

Algunas de las habilidades de las que hemos hablado son más fáciles de cultivar, otras necesitan un poco más de práctica, y aun otras serán totalmente nuevas y necesitarán de un esfuerzo concentrado.

Para ganar la carrera (de alcanzar sus metas), usted debe empezar a correr. En una ocasión yo estaba alistándome para participar en una media maratón, algo que no se puede tomar a la ligera. Estaba haciendo mi estiramiento preliminar cuando leí en una camiseta unas palabras que revelaban una gran verdad: "El desafío no es terminar, el desafío es empezar". Prepare su mente para iniciar la carrera, así sabrá que está avanzando hacia la meta de terminar. Usted puede presentar todas las excusas que quiera, pero ninguna de estas lo llevarán a alcanzar el éxito o la felicidad. Practique las técnicas aprendidas todos los días. La primera vez que usted intenta algo, puede sentirse un poco deshabituado, y tal vez ni funcione. Apéguese al plan y manténgase en la carrera; sólo así, alcanzará el éxito.

RECURSOS FINALES[15]
(LAWSOFCHARISMA.COM)

- Artículos adicionales
- Sección de audio "El muro de la resistencia"
- Hoja de trabajo

Califique sus habilidades y características relacionadas con el carisma

____Confianza	____Habilidades humanas
____Coherencia	____Influencia
____Optimismo	____Dominio de la historia
____Poder positivo	____Contacto visual
____Energía y equilibrio	____Saber escuchar
____Humor/Felicidad	____Afinidad
____Autodisciplina	____Inspiración
____Competencia	____Estima
____Intuición	____Credibilidad
____Propósito	____Motivación
____Integridad	____Benevolencia
____Coraje	____Visión
____Creatividad	____Empatía
____Enfoque	____Respeto
____Presentación y comunicación	

---

15   Nota del editor: Estos recursos están en Inglés.